制度、名物与史事沿革系列

中国早期国家史话

*A Brief History of
China's Embryonic States*

王　和／著

社会科学文献出版社
SOCIAL SCIENCES ACADEMIC PRESS (CHINA)

图书在版编目（CIP）数据

中国早期国家史话/王和著 . —北京：社会科学文献
出版社，2011.9（2014.8 重印）
（中国史话）
ISBN 978 - 7 - 5097 - 2595 - 5

Ⅰ . ①中⋯ Ⅱ . ①王⋯ Ⅲ . ①中国历史 – 三代时
期 Ⅳ . ①K221

中国版本图书馆 CIP 数据核字（2011）第 150755 号

"十二五"国家重点出版规划项目

中国史话·制度、名物与史事沿革系列
中国早期国家史话

著　　者／王　和

出 版 人／谢寿光
出 版 者／社会科学文献出版社
地　　址／北京市西城区北三环中路甲 29 号院 3 号楼华龙大厦
邮政编码／100029

责任部门／人文分社（010）59367215
电子信箱／renwen@ ssap. cn
责任编辑／宋荣欣
责任校对／刘晓静
责任印制／岳　阳
经　　销／社会科学文献出版社市场营销中心
　　　　　（010）59367081　59367089
读者服务／读者服务中心（010）59367028

印　　装／北京画中画印刷有限公司
开　　本／889mm×1194mm　1/32　印张／6.625
版　　次／2011 年 9 月第 1 版　　字数／121 千字
印　　次／2014 年 8 月第 2 次印刷
书　　号／ISBN 978 - 7 - 5097 - 2595 - 5
定　　价／15.00 元

总　序

　　中国是一个有着悠久文化历史的古老国度，从传说中的三皇五帝到中华人民共和国的建立，生活在这片土地上的人们从来都没有停止过探寻、创造的脚步。长沙马王堆出土的轻若烟雾、薄如蝉翼的素纱衣向世人昭示着古人在丝绸纺织、制作方面所达到的高度；敦煌莫高窟近五百个洞窟中的两千多尊彩塑雕像和大量的彩绘壁画又向世人显示了古人在雕塑和绘画方面所取得的成绩；还有青铜器、唐三彩、园林建筑、宫殿建筑，以及书法、诗歌、茶道、中医等物质与非物质文化遗产，它们无不向世人展示了中华五千年文化的灿烂与辉煌，展示了中国这一古老国度的魅力与绚烂。这是一份宝贵的遗产，值得我们每一位炎黄子孙珍视。

　　历史不会永远眷顾任何一个民族或一个国家，当世界进入近代之时，曾经一千多年雄踞世界发展高峰的古老中国，从巅峰跌落。1840 年鸦片战争的炮声打破了清帝国"天朝上国"的迷梦，从此中国沦为被列强宰割的羔羊。一个个不平等条约的签订，不仅使中

1

国大量的白银外流，更使中国的领土一步步被列强侵占，国库亏空，民不聊生。东方古国曾经拥有的辉煌，也随着西方列强坚船利炮的轰击而烟消云散，中国一步步堕入了半殖民地的深渊。不甘屈服的中国人民也由此开始了救国救民、富国图强的抗争之路。从洋务运动到维新变法，从太平天国到辛亥革命，从五四运动到中国共产党领导的新民主主义革命，中国人民屡败屡战，终于认识到了"只有社会主义才能救中国，只有社会主义才能发展中国"这一道理。中国共产党领导中国人民推倒三座大山，建立了新中国，从此饱受屈辱与蹂躏的中国人民站起来了。古老的中国焕发出新的生机与活力，摆脱了任人宰割与欺侮的历史，屹立于世界民族之林。每一位中华儿女应当了解中华民族数千年的文明史，也应当牢记鸦片战争以来一百多年民族屈辱的历史。

当我们步入全球化大潮的 21 世纪，信息技术革命迅猛发展，地区之间的交流壁垒被互联网之类的新兴交流工具所打破，世界的多元性展示在世人面前。世界上任何一个区域都不可避免地存在着两种以上文化的交汇与碰撞，但不可否认的是，近些年来，随着市场经济的大潮，西方文化扑面而来，有些人唯西方为时尚，把民族的传统丢在一边。大批年轻人甚至比西方人还热衷于圣诞节、情人节与洋快餐，对我国各民族的重大节日以及中国历史的基本知识却茫然无知，这是中华民族实现复兴大业中的重大忧患。

中国之所以为中国，中华民族之所以历数千年而不分离，根基就在于五千年来一脉相传的中华文明。如果丢弃了千百年来一脉相承的文化，任凭外来文化随意浸染，很难设想13亿中国人到哪里去寻找民族向心力和凝聚力。在推进社会主义现代化、实现民族复兴的伟大事业中，大力弘扬优秀的中华民族文化和民族精神，弘扬中华文化的爱国主义传统和民族自尊意识，在建设中国特色社会主义的进程中，构建具有中国特色的文化价值体系，光大中华民族的优秀传统文化是一件任重而道远的事业。

当前，我国进入了经济体制深刻变革、社会结构深刻变动、利益格局深刻调整、思想观念深刻变化的新的历史时期。面对新的历史任务和来自各方的新挑战，全党和全国人民都需要学习和把握社会主义核心价值体系，进一步形成全社会共同的理想信念和道德规范，打牢全党全国各族人民团结奋斗的思想道德基础，形成全民族奋发向上的精神力量，这是我们建设社会主义和谐社会的思想保证。中国社会科学院作为国家社会科学研究的机构，有责任为此作出贡献。我们在编写出版《中华文明史话》与《百年中国史话》的基础上，组织院内外各研究领域的专家，融合近年来的最新研究，编辑出版大型历史知识系列丛书——《中国史话》，其目的就在于为广大人民群众尤其是青少年提供一套较为完整、准确地介绍中国历史和传统文化的普及类系列丛书，从而使生活在信息时代的人们尤其是青少年能够了解自己祖先的历史，在东西南北文化的交流中由知己到知彼，善于取人之长补己之短，在中国与世界各国愈来愈深的文化交融中，保持自己的本色与特色，将中华民族自强不息、厚德载物的精神永远发扬下去。

《中国史话》系列丛书首批计 200 种，每种 10 万字左右，主要从政治、经济、文化、军事、哲学、艺术、科技、饮食、服饰、交通、建筑等各个方面介绍了从古至今数千年来中华文明发展和变迁的历史。这些历史不仅展现了中华五千年文化的辉煌，展现了先民的智慧与创造精神，而且展现了中国人民的不屈与抗争精神。我们衷心地希望这套普及历史知识的丛书对广大人民群众进一步了解中华民族的优秀文化传统，增强民族自尊心和自豪感发挥应有的作用，鼓舞广大人民群众特别是新一代的劳动者和建设者在建设中国特色社会主义的道路上不断阔步前进，为我们祖国美好的未来贡献更大的力量。

陈奎元

2011 年 4 月

作者小传

　　王和，安徽桐城人，1948 年生。1980 年考取北京师
范大学历史系先秦史专业研究生，师从赵光贤先生。1983
年毕业后到中国社会科学院历史研究编辑部工作，历任
编辑、副编审、编审、副主编，2008 年退休。现为北京
师范大学历史学院 985 工程特聘教授，中国社会科学院
古代文明研究中心专家委员会委员。

目　录

一 何谓中国早期国家

按照中国史学界目前的一致认识，所谓中国的早期国家时代，一般指夏、商、西周这三代。而东周即春秋战国时期则是由早期国家到成熟国家的过渡时代。本书论述的即是夏、商、西周这三代。

这一段历史的时间跨度颇大：从公元前 21 世纪夏王朝建立，至公元前 8 世纪周平王东迁。

这是中国数千年文明史上变化最巨大、意义最重要的一段历史。

在这段历史开始的时候，黄河流域的一些势力强大的酋邦刚刚跨入文明时代的门槛，还保留着明显的氏族社会痕迹；地缘组织尚未建立，人们仍然依靠部族社会强有力的血缘组织维系生存；广袤的大地上星罗棋布地点缀着众多以族邦形式存在的居民点，横亘其间的，则是一望无际、未经开垦的林莽荒原；文字只以萌芽状况的幼稚形态出现，神权具有至高无上的地位，祭司们虔诚地向日月风雨等自然神灵顶礼膜拜。

而在这段历史行将结束的时候，一个疆域广阔、人口众多、文化发达、制度先进、具有共同的心理认同的"华夏共同体"已经在这块东亚大陆出现;"华夏"与"四夷"共生的多民族统一体格局已经基本建立;以人本主义的群体本位为特征、影响中国其后的漫长历史并一直延续作用于今天的文化精神业已形成。

这段历史,是中华民族的上古先民经过若干万年的发育成长、繁衍生息,终于突破族邦结构社会的桎梏并接近完成对今日中国疆域之内核心区域的开发与占领的历史。它对于中国的国家制度、民族精神、文化特质的形成、凝聚和延续,具有至关重要的、决定性的影响。

当世界上其他古老文明一一走完其由发育、繁荣趋向衰亡,最终归于湮灭之历程的时候,悠久的中华文明却因这段光辉的历史而具有绵延不息的顽强生命力,从远古一直走到今天。

这段历史,在现代最新的史学研究中,被称作中国的"早期国家时代"。

 什么是早期国家

所谓早期国家,是自20世纪后期随着国际学术界对于人类早期政治组织形式研究的逐渐深入,被普遍地使用于历史学、人类学和考古学等学科的一个概念。而在我国史学界,这一概念则如一些学者所说,目前使用得还不很多,尚属一个"比较新的提法"。不过,由于一批具有新的史学思想和观念的学者的大力提倡运用,其概念和内涵已日益为广大的史学工作者所熟悉和接受。从近年来国内对这一概念的使用情况来看，我国史学工作者主要是从如下意义来认识这一概念的，即将早期国家看做是虽已具有国家的若干形态，但尚未发展到纯以地域组织为基础亦即恩格斯所说的"不依亲属集团而依共同居住地区为了公共目的来划分人民"那样的发展阶段的、具有早期特征的国家。在这种早期国家里，由于生产力水平等条件的限制，地域组织还没有建立或仅仅处于初始阶段，人们仍然生活在血缘组织之中，其生活与生产劳动的基本单位是家长制大家族。家长制大家族之上是宗族。这种宗族或比宗族更大的血缘组织，在我国古代的文献中被称为"邦"或"方"。这样的血缘组织是直接从氏族部落发展而来的，所以每一个邦又称"某某氏"①。现代的研究者则称其为"邦国"或"方国"。由于这种以血缘组织为基础的邦国在管理、公共权力、财产分配及占有乃至意识形态等方面均已具有鲜明的国家性质，但在以血缘组织而非地缘组织为基础来划分居民这一点上又明显仍然遗存着氏族社会的特征，所以人们称之为"早期国家"，以既区别于氏族部落，又区别于成熟形态的国家。

　　我国的史学工作者对于中国历史上的早期国家问题，经历了一个较长时期的、曲折的认识过程。

---

①　夏代多称氏，如夏后氏、有扈氏；商代多称方，如鬼方、羌方。称氏为单纯突出血缘因素——虽然当时已有领土意识，称方则兼及地缘因素，这体现了随着社会的进步，地缘因素逐渐加强的发展趋势。

郭沫若先生在 20 世纪 20 年代末发表的《中国古代社会研究》中，曾将商代定为"氏族社会的末期"，这显然是根据当时考古学及甲骨学研究的成果得出的结论。从我们今天的认识来看，它的毛病在于仅仅强调了商代社会的血缘组织特征，却忽视了其在阶级分化、公共权力、意识形态等方面所体现的国家特征。

到了 20 世纪 50 年代以后，由于当时政治因素的影响，史学界对于夏商社会的认识又偏向另一极端，即只强调其作为阶级压迫工具的国家特征一面，而很少分析其仍然依据血缘组织划分人民的另一面。但我们有理由相信：实际上史学工作者于内心深处，对此认识恐怕是不无疑虑的。只要翻检一下五六十年代的通史类著作便不难发现：当时的历史学家们在具体的研究实践中，实际上已经隐约感觉到了理论阐述与中国具体历史实际之间存在的矛盾。一方面，按照经典理论的解释，无论是雅典模式、罗马模式还是德意志模式，国家都是"在氏族制度的废墟上兴起的"，因此，国家区别于氏族制度的一个显著特征便是"以个人血缘关系为基础的古代社会制度已经被破坏了，代之而起的是一个新的、以地区划分和财产差别为基础的真正的国家制度"①。另一方面，中国历史的实际又不断地提示史学工作者：夏商时代既是一个确凿无疑

---

① 恩格斯：《家庭、私有制和国家的起源》，人民出版社，1972，第 127 页。

地存在着阶级压迫和阶级剥削，作为体现"阶级矛盾的不可调和的产物"的国家所应具有的权力机构（如官僚、军队及相应的管理机构）和意识形态已经出现的时代，又是一个其人民划分仍然保存着鲜明的血缘特征，由血缘与地缘结合的方国组成"天下众邦"的时代。由于在经典著作中找不到"早期国家"的概念①，在当时中国政治社会环境的要求和制约下，史学工作者不可能对这样重大的问题作出独立的理论解释，因此，他们便着重强调了夏商国家作为阶级压迫和阶级剥削的工具的功能，而淡化或避而不谈其仍然依血缘组织划分人民的特征。所以到了今天，我们仅能从诸如"不能把夏朝看作奴隶国家已经完全成立，只能看作原始公社正在向奴隶制度国家过渡"②之类的论述中，隐约感觉到前辈历史学家们当时内心的疑虑。

从 20 世纪 70 年代末期开始，在改革开放和思想解放的新形势下，随着考古学成果的不断丰富，史前史、夏商史及甲骨学研究随之深入。对于中国夏商社会和国家起源问题的探讨，已成为史学界所关注的一个理论热点。史学工作者得以从新的高度实事求是地重新认识夏商社会性质及中国国家起源问题。于是一方面，用"部族国家"、"方国联盟"等新的认识观念去解释夏商国家

---

① 恩格斯曾指出提修斯以后的雅典属于"刚刚萌芽的国家"，但他显然并未把它当做具有普遍意义的国家发展过程中的特定阶段来看待。见《家庭、私有制和国家的起源》，第 108 页。

② 范文澜：《中国通史简编》第一编，人民出版社，1965，第 102 页。

的论著越来越多地出现；另一方面，国际学术界在民族学和文化人类学等学科方面的优秀成果①日益被关心理论的史学工作者注意，并逐渐被介绍到国内，"早期国家"的概念由此开始被史学界认识。

这一概念被引入并使用于我国的史学研究，无疑是有重要意义的。因为，姑不论其在史学认识论和方法论上所具有的示范作用和影响，即使作为一个单纯阐释国家形态的理论用语，相对于"部族国家"、"方国"、"邦国"之类具体的表述而言，"早期国家"显然具有广泛与规范得多的、理论上的概括意义，可以泛指一切已进入国家阶段又尚不具备成熟国家特征的人类早期政治组织形态。正由于"国家的兴起是一个相当长久的过程。国家的萌芽形态，以及其早期面貌，必然和后世人们习惯理解的国家有很大的，甚至是带有根本性的差异"。所以，正如李学勤先生所说，"为了凸显这种差异，对萌芽形态的国家、早期阶段的国家，赋予特殊的名称，借示区别"，显然是"必要的"②。

 由酋邦跨入文明时代：关于中国
国家起源及发展道路的
特性问题

就具体的专题研究来说，关于中国早期国家，史

---

① 如苏联的民族学成果和西方的文化人类学成果。
② 见李学勤为谢维扬著《中国早期国家》（浙江人民出版社，1995）所作的序言。

学界已经完成了一些相当有分量的出色成果①。这些成果虽然最终落实于对中国早期国家阶段的分析，但其最重要的意义却不仅在于此，同时还在于：它们借鉴和运用了国际学术界在与历史学有关的相邻学科特别是文化人类学方面的大量研究成果，对于中国早期国家阶段之前的社会政治组织提出了新的阐释，并由此去探讨解决有关中国国家的起源及发展道路的特性问题。为此，这些研究着重从理论和具体问题上说明中国的前国家形态的状况，详细阐述了一个近些年来才开始被我国学术界了解认识的人类早期政治组织模式——酋邦（Chiefdom）。这种人类早期政治组织模式之被重视，是国际学术研究近几十年来所取得的出色成果之一，我国学术界倘就普遍的意义而言，则对之尚不十分熟悉②。

什么是酋邦？酋邦是现代人类学关于人类社会和文化分类的一个概念，同时它实际上也含有关于人类早期政治组织演进的阶段性的内涵。从历史学的角度看，简捷地说，所谓酋邦，是指一种处于原始社会时期的、非部落联盟形式的部落联合体。而我国学术界

① 如谢维扬教授所著《中国早期国家》。
② 我国民族学和社会学的一些学者在 20 世纪 80 年代曾对酋邦进行过介绍和研究。如童恩正所著《文化人类学》（上海人民出版社，1989）就对中国历史上的酋邦进行过分析。谢维扬的《中国早期国家》是论述最为系统全面的一部专著，本书关于这一问题的一些观点即是得自他的这本著作，本章中凡未注明出处的引文亦直接引自该书。其他如易建平的《部落联盟与酋邦》（社会科学文献出版社，2004）、陈淳的《文明与早期国家探源》（上海书店出版社，2007）等，都是论述酋邦较为系统的专著。

过去所熟悉的部落联合体，只有部落联盟这唯一的形式。这主要是由于长期以来根深蒂固地深受摩尔根学说的影响。对中国学者来说，在研究中国早期国家问题时，最熟悉的理论还是摩尔根在一百多年前所创立的学说。一方面，就整体而言，摩尔根所做的研究无疑是十分出色的，其学说的许多重要内容后来被马克思主义国家学说所吸收①。所以，摩尔根学说对我国学术界的影响，从总体上说，反映了马克思主义在我国原始社会和人类早期政治组织研究中的指导作用。应该说，这对于我国学者在中国早期国家研究中获得一系列积极的成果是有重要意义的。

但是，另一方面，摩尔根学说毕竟是一百多年以前的优秀成果。从那以后到今天，人类文明又有了飞速的进步。如同其他领域的进步一样，早期国家领域的研究也已有了巨大的发展。所以，对于今天的研究者而言，摩尔根学说在很多方面已经表现出重要的缺陷②。部落联盟问题就是其中明显的一个。摩尔根在考

---

① 我们都知道，马克思和恩格斯在他们辩证唯物论和唯物史观的形成过程中，极为重视当时自然科学与社会科学新成果所给予的启示。诸如摩尔根的人类学研究、维科的科学史观、达尔文的进化论、门捷列夫的元素周期律，都对他们形成哲学思想起过重大的启发作用。因此，本书后面谈到的摩尔根学说的缺陷，乃是为当时时代发展的总体水平所局限的。可以肯定，倘若当时的人类学研究能够提供更多的研究成果，马克思和恩格斯是绝对不会拒绝吸收的。

② 从20世纪80年代开始，我国民族学界的一些学者如蔡俊生、童恩正等先生即指出了摩尔根学说的时代局限，取得了很多优秀成果。但是，史学界对于这些成果似乎吸收得很慢，甚至视而不见。

察人类史前时期超出部落范围的政治关系形式时，只注意到了部落联盟。这导致他在《古代社会》一书中，几乎用部落联盟模式解释了他涉及的所有具有超部落关系的个案。然而，从现代人类学的眼光来看，所谓"部落联盟"是非常不具代表性的。对此，我们今天当然不能也无权去苛求摩尔根。但问题在于：我国学者不但长期深受摩尔根的影响，而且实际上比摩尔根更加执迷于这种模式。

摩尔根虽然在考察人类史前政治组织时只注意到部落联盟，但仅仅是用它来解释个案，并没有将它提升为具有普遍性的模式，反而倒是注意到其民族性的，曾明确指出有些与易洛魁人处境相同的部落，"并没有组成联盟"①。而我国学者则不然。关于这一点，谢维扬在《中国早期国家》中作了明确论述："在摩尔根的著作中，部落联盟是在典型氏族—部落制度下出现的一种较高级的人类早期政治组织形式。也就是说，部落联盟理论从根本上说是关于典型氏族社会的理论。在摩尔根的学说中，对于部落联盟与国家之间的关系并没有明确地提到过。但是他在解释古希腊和罗马国家的产生时，运用了部落联盟理论②。在他的著作中，通过部落联盟而形成国家，是他唯一谈到过的人类早期国家形成的方式。他没有提到任何其他形式的国家

---

① 摩尔根：《古代社会》上册，商务印书馆，1977，第124页。
② 应当指出，摩尔根着重研究的易洛魁部落联盟属于母系氏族，而罗马和希腊在进入国家之前则是父系氏族，对于这种差异，摩尔根似乎并未注意。

形成问题。正是在他的这一论述方式影响下，我国学者形成了把由部落联盟到国家这种演变方式看做是人类早期国家形成的唯一途径的观念。这实际上使早期国家进程的部落联盟模式变成了人类早期国家进程的普遍模式（着重号为引者所加）。在这一点上，很显然，我国学者的观点同摩尔根本人的观点并不完全吻合。"

情况的确如此。但近几十年来文化人类学的研究却表明：由部落联盟发展到国家，并非早期国家产生的普遍途径。最具普遍性的途径并不是由部落联盟，而是由另一种既非部落联盟又属于"比典型部落社会更高的一个社会发展阶段"的部落联合体——酋邦发展到早期国家。

那么，同样作为部落联合体，部落联盟和酋邦的区别究竟在哪里呢？

先看部落联盟。首先，就产生的过程而言，部落联盟在产生上具有这样三个特点：第一，部落联盟的产生完全是和平的和自愿的，联盟形成的具体方式是举行一次会议而非其他（例如通过征服）；第二，联盟的产生起因于有关部落间的长期互相保护的关系；第三，参加联盟的部落都是有亲属关系的部落，相互间有共同的血缘渊源。

其次，从人类政治权力形成的角度看，部落联盟在权力机制上具有如下特点：第一，部落联盟没有最高首脑，其最高权力是一种集体的而非属于任何个人的权力。例如，整个易洛魁部落联盟的最高权力便是掌握在由 50 名部落首领组成的"首领全权大会"手中。第二，部落联盟会议的议事原则是全体一致通过。在这种情况下，任何形式的个人专有的权力是不可想象的。第三，参加联盟的各部落保持各自的独立，相互间地位平等。

按照摩尔根的分析，人类早期政治组织的演进可分为三个阶段。第一个阶段是部落阶段。其唯一的权力中心是部落会议，故可称为"一权政府"阶段。第二个阶段是在部落联盟产生以后出现的。这时，在联盟的部落首领全权大会（或称酋长会议）之外，出现了最高军事统帅的职位，成为与前者平行的一个一个权力点。但根据古希腊部落联盟的军事统帅巴赛勒斯在行使职务时必须向酋长会议负责等情况判断，联盟的最高权力仍然属于酋长会议。摩尔根将此阶段称为"二权制"阶段。第三个阶段是部落联盟的高级阶段。其特点是在酋长会议和军事统帅之外，出现了第三个权力点——人民大会。摩尔根指出，设立人民大会有两个目的：一是保护个人权力，二是"借以抵制酋长会议和军事统帅的僭越行为"①。

综上所述可知，在部落联盟的产生和结构上的特征中贯彻了两条最基本的原则：部落间的平等和个人性质的权力的微弱。

再看另一种形式的部落联合体——酋邦。现代人类学和历史学在这个问题上的最重要的贡献，就是在大量个案研究的基础上，揭示了人类早期政治发展中

---

① 摩尔根：《古代社会》，第313页。

部落联合体非部落联盟形式的存在。在非部落联盟形式的部落联合体中，最具普遍性的一种形式就是酋邦。酋邦虽然处于与部落联盟相对应的发展阶段，但无论从产生过程还是从政治权力的角度看，二者都存在着显著的差异。

首先，与各部落之间的关系是平等的和自愿联合的部落联盟不同，酋邦产生的途径主要是通过征服。正因为如此，组成这种部落联合体的部落之间就不一定具有血缘渊源。所以，"许多酋邦社会，尤其是在其较发展的形态上，其成员的血缘成分往往是不同质的"。在一个酋邦之内，往往包括许多血缘渊源不同的部落成员。这使得酋邦在部落联合体的层次上，与部落联盟有着本质的不同。

其次，由于征服在酋邦自身的形成中是一个起重要作用的因素，而征服的结果往往导致部落间的臣属关系，所以各部落间的地位自然是不平等的。在摩尔根阐述的部落联盟模式中，尽管在联盟与联盟外部落的关系中也不乏征服的内容，但联盟内各部落之间的关系是平等的，联盟是建立在自愿联合和"互相保护"的基础上的。酋邦则不然。作为征服者和被征服者，必然使各部落之间产生一种"递等关系"。如果这种关系持久下来并成为社会政治制度的基础，那么就可能出现酋邦式的集中的社会权力机构。正如谢维扬所说："酋邦之所以具有集中形式的权力，同它自身形成过程中的这个特点是分不开的"。

再次，正是由于酋邦是通过征服形成的，所以，与部落联盟相比，酋邦是具有明确的个人性质的政治权力色彩的社会。现代文化人类学与民族学①的研究告诉我们：酋邦社会的政治权力往往"呈现出宝塔型的结构，并最终集中到一个人的身上"。在有些个案中，酋长的权力甚至已发展到"接近绝对的程度"，对于一般的部落成员乃至下属首领们都具有生杀予夺之权。这与部落联盟模式对于个人权力的高度制约显然是大相径庭的。而其原因也不难明白：由于部落间的征服主要是靠武力亦即军事征服，而军事行为的特点和要求即在于军事首领必须具有相当大的个人权威，所以，当军事行为成为一种社会常态行为的时候，军事首领的个人权力便必然会得到加强，这是不言而喻的。酋邦既然是通过征服形成并以武力为基础维持的，那么无论在征服部落内部还是征服者与被征服者之间，个人的权力无疑都会被突出出来，从而逐渐形成一种集中形式的权力机制（与这种集中形式的权力机制相伴生的，是社会分层亦即阶级分化现象的日益明显）。

由此可知，与部落联盟模式形成鲜明对照的是：

---

① 就研究的对象和范围而言，传统的人类学和民族学本来是十分相近甚至同义的，二者的区别也许在于人类学主要关注原始民族的研究。我国学者自20世纪上半叶即对人类学的研究方法十分熟悉，例如摩尔根的研究本来就是人类学的研究。1949年以后，人类学在我国受到排斥和批判，其部分研究领域被民族学涵盖（仅仅是领域而非观点、方法）。改革开放以后，人类学研究再次在我国兴起。由于现代人类学的领域已经向文明时代拓展，这本应使人类学和民族学更趋接近，但因为二者在观点、概念和方法上都已存在明显差异，所以它们显然仍是各自独立的学科。

部落间的不平等与个人权力的强大，是酋邦模式的两条最基本特征。

酋邦模式的研究，对于如何认识中国早期国家，以及如何解释中国历史发展道路的特性，具有理论上的重大意义。由于从部落联盟转化而来的国家，其政治机构继承了部落联盟政治机构上的一些主要遗产，所以，在其政治活动的方式上便形成了一种在人类政治史上具有重要意义的模式，即所谓民主政治的模式。例如，在古希腊、罗马的部落联盟时期，已经出现了三权制的政治形式，即联盟的最高权力分掌在酋长会议、人民大会和最高军事统帅这三个权力点。进入国家阶段后，这种三权制的政治权力形式分别被改造成了国家机关，构成了由部落联盟转化而来的早期国家在政治上的一个特点。因此，由部落联盟转化而来的早期国家，至少在其最初的发展上是具有民主的形式的。而酋邦则不然。由于酋邦是具有明确的个人性质的政治权力色彩的社会，所以当它们向国家转化后，在政治上便继承了个人统治这份遗产，并从中发展出人类最早的集权主义的政治形式，其具体的形式就是君主制度。

按照这种理论认识，一些关于中国早期国家的研究，依据大量的文献和考古资料，分析了中国历史上从炎黄直至尧舜禹时代，提出了中国的前国家时期（至少在其中后期）属于酋邦模式的论断，认为无论是炎黄部落联合体还是尧舜禹部落联合体，都是一种由多种血缘来源的部落构成的、不平等的部落联合体，在联合体内经常发生各部落争夺最高统治权的斗争，并由此引发战争；这些部落联合体中已存在具有明显个人性质的政治权力，出现了拥有决断权并作为唯一权力点而存在的最高首领。中国其后的早期国家时代以及再后的成熟国家时代之所以始终具有王权强大的特征，显然是从这一政治组织形态发展而来的。中国历史后来所表现的许多政治特征，其最初的源头都可以上溯到这种前国家时期的政治组织模式中去寻找。

认为中国社会是由酋邦进入早期国家的观点，虽然获得很多史学工作者的赞同，但也有一些学者提出了不同意见。从目前的研究状况看，中国前国家时期的政治组织形态究竟是酋邦还是部落联盟？这是一个仍然需要深入探讨并有待于将来更多的考古发现为之提供更加充实的证据才可能最终解决的问题。此外，在以酋邦模式解释中国前国家时期的观点中，还存有其他一些值得商榷之处，也需要进一步研究。例如：部落联盟这种政治组织形态发展到后期，其内部是否也可能出现类似于酋邦那种带有个人性质的政治权力？关于这一问题，我们可以在民族学与民族史的研究中找到不同的答案，其中有些答案的结论似乎是倾向于肯定的①。再进而探讨：即使在部落联盟的后期并未出

①　比如，契丹民族的前国家阶段便是如此。但这种带有个人性质的政治权力的出现显然在一定程度上是受汉文化影响的结果，故恐怕很难视作是一种单纯依靠内部因素成长的原生形态。不过，这种汉文化的影响究竟起到多大的作用，尚有待进一步的深入研究。

现带有个人性质的政治权力，那么，这是否就可以证明在进入国家之后必然能够导致建立三权分立式的国家机构？恐怕也未必如此。从整个人类的历史来看，如罗马和希腊那样在国家发展的早期阶段即具有较为完备的民主政治形态的事例毕竟是少数[1]。这也许说明它的出现是由多种因素共同促成的（例如特定的地理环境的因素和由此而导致的经济形态特点），部落联盟模式可能仅仅是诸种因素之一。

此外，也有学者并不赞同酋邦是"具有明确的个人性质的政治权力色彩的社会，所以当它们向国家转化后，在政治上便继承了个人统治这份遗产，并从中发展出人类最早的集权主义的政治形式"的观点，认为酋邦中的大酋长其实并不具有过分突出的个人权力。

尽管酋邦研究尚存在一些不足之处，但笔者个人认为：证之大量的文献和考古资料，以酋邦模式去解释前国家形态以及由前国家形态向国家的转化，可以很好地说明一些已往被我们所忽视的问题。关于这一点，我们将在后面进一步论述。

 3　对传统国家理论的反思

倘若从史学认识论和方法论的角度去看，早期国

---

①　除希腊和罗马外，在古代美索不达米亚的神话和史诗中，有关于存在多元政治的故事；在古印度，有被称作 Gana 或 Sangha 的三元权力结构政治组织，现代学者多称其为"共和国"，然其究竟应属国家形态还是前国家形态，似尚有疑问。

家研究的进展还具有广泛得多的启发与示范意义。它首先告诉我们：史学理论必须植根于史学研究实践的基础之上，必须随着史学研究实践的发展而发展；如果无视史学研究实践的发展而执著于固有理论，则成抱残守缺，必然落后于时代。历史学是一门成熟的学科，其理论范式与研究方法都具有成熟学科那种相对稳定的特点，它一方面反映着历史学发展的高度和深度，另一方面也昭示着史学观念更新的缓慢和艰难。在我国当代，与经济学、社会学、文化人类学等发展迅速的学科相比，史学理论的发展更新已明显落后。在研究早期国家问题时，有的学者曾经明确地指出：许多国内学者的研究在理论语言上已经呈现"老化"的现象。就笔者个人的体验而言，史学理论语言的老化实不限于早期国家问题。而理论与实践脱节、理论对于解决实际问题的苍白无力现象，更是十分突出。

我们在前面已经论述过：按照我们都很熟悉的关于国家起源的理论，"在经济发展到一定阶段而必然使社会分裂成阶级时，国家就由于这种分裂而成为必要了"。"国家是社会在一定发展阶段上的产物；国家是表示：这个社会陷入了不可解决的自我矛盾，分裂为不可调和的对立面而又无力摆脱这些对立面。"所以，国家是阶级矛盾不可调和的产物，国家是剥削阶级统治镇压被剥削阶级的机器。已往我们的历史研究，凡涉及有关国家与阶级的一切问题的分析，都是建立在这一基本认识的基础之上的。

但如前所述，人类学与民族学的研究却明确告诉我们：既长期存在着鲜明的阶级与阶级对立，又始终不具备国家形态的人类社会是存在的。例如过去一度被史学界高度关注的凉山彝族社会便是如此。

国外人类学与社会学研究的成果揭示的是同样的一个事实：在大量的酋邦社会里，不但其"明显的社会分层"已经存在了极其漫长的岁月，而且其表现于诸如祭坛和陵墓建筑等方面的成就业已清楚说明：这个社会所能够提供的剩余劳动所创造的财富已经足以养活必要的国家机器。但它们却并不向国家发展，而能作为一种稳定的社会政治形态长期存在。事实上，很多酋邦社会直到被近代的观察者发现之前，已经以其自身固有的形态存在了成千上万年；倘若没有外部世界的介入，我们大概无法预测它们还能延续多久。所以，在人类学家看来，酋邦虽然具有向国家形态过渡的特征，但它本身却是一个"特定的社会阶段"。而且更为重要的是：酋邦与国家的关系"有两种可能，一是可能向国家转化，二是可能不向国家转化"。何以如此？目前已有一些学术论著探讨了导致一部分酋邦社会所表现出的"突出的稳定性"的原因，诸如其在政治技术上对于复杂的社会因素具有较强的包容能力、控制能力和适应能力，等等。不管我们对这些分析是否赞同，我们都必须正视而不能回避这一问题。

在这样一个问题上，酋邦理论所具有的意义是极其重大的，而这一意义至今未受到足够的重视和充分的理解。

中国早期国家产生、发展
和向成熟国家演变的历程

　　按照当代史学界一些学者的看法，夏朝的建立标志着中国古代社会由前国家形态向早期国家过渡，商、周时代是中国早期国家的典型期，春秋、战国时代则是中国早期国家向成熟国家的转型期。

　　（1）夏代

　　夏代是从酋邦模式的部落联合体进入早期国家的第一个王朝。单就权力结构而言，酋邦社会同早期国家已十分相似，只是还不如国家权力那样正规。根据学者对现代学术研究成果的归纳，早期国家应具有如下特征：第一，拥有一个最高政治权力中心；第二，拥有与其中央权力的实施相适应的行政管理和政治机构，包括官属、军队、监狱等等；第三，社会分层（即阶级分化）高度发展；第四，有针对某个固定地域实行统治的概念；第五，有支持其合法统治地位的国家意识形态。就第二点和第五点而言，早期国家与酋邦有明显区别。

　　夏王朝的具体情况虽然至今仍然不是十分清楚，但是，从文献资料和日益丰富的考古发掘成果来看，夏代显然已经具有明显的早期国家特征。

　　其一，据史书记载，夏王朝的创建者禹在当时的部落联合体中就已拥有很大的权力。他曾经以行天之罚的名义征伐三苗，并于涂山召集诸侯会盟，据说

"执玉帛者万国";其后又在会稽大会诸侯,防风氏首领后到,禹即将之杀戮。

其二,从很少的文献资料看,夏代已有后稷、车正、牧正、庖正、啬夫乃至"六卿"等职官,有《禹刑》,有"五十而贡"的赋税制度。这些虽然未必皆可靠,但夏代已有一定规模的官僚机构,以及相应的其他属于上层建筑的国家机器,应是确定无疑的。

其三,文献言夏王太康"甘酒嗜音,峻宇雕墙",夏桀"纵靡靡之乐","女乐充宫室,文绣衣裳";考古发掘证明:夏代王宫的建筑规模宏伟,贵族的墓葬中随葬品豪奢丰富。凡此,皆说明夏代的阶级分化已相当发展。

其四,夏人的活动主要以晋南、豫西、豫东为范围,《逸周书·尝麦解》言"皇天思禹,赐以彭寿,思正夏略",学者解"夏略"为"夏的经界",表明当时已有疆域和国家意识形态观念。

这些都说明:夏代的政治组织已经有别于前国家形态的酋邦,而开始具有早期国家的若干特征。

但是另一方面,夏代国家机制的发展又不够充分。它虽然已有疆域观念,但这种观念显然尚较薄弱:我们仅从夏代邦国无不以"氏"为称呼,便不难了解它还处于血缘组织优先的早期国家初级阶段,地域概念还不突出。同时,夏王的权威并不巩固,夏国家对于所属邦国的控制也并不严密。正是由于这些特点,学术界才把夏王朝视作由前国家形态向早期国家过渡的时期。笔者认为这种判断是正确的。

（2）商代

从国家形态看，商代应属于典型的早期国家时代。一方面，商代的国家机器（包括意识形态）已十分完备；另一方面，商代又仍是以部族的血缘组织作为国家的基础，而依地域组织划分居民的地缘国家形态尚未出现或仅处于萌芽状态的时代。当时方国林立，所谓方国，就是这种以部族血缘组织为基础的早期国家。但是，倘若与夏代相比，商代国家的地域意识和领土意识无疑已大大加强了，不但其方国不再称"某某氏"而改称"某方"，而且依据《尚书》一类文献的记载，似已出现乡里之类地域组织的萌芽。

殷人的方国在当时是最为强大的，自称"大邑商"、"大邦殷"；与它同时并立的还有众多的大小方国，著名的有羌方、人方、鬼方等等。这些方国包括"大邑商"自己在内，于各自直接控制的辖土之内，均采取血缘聚居的方式。我们从甲骨卜辞材料的记载来看，"大邦殷"虽然征服过许许多多的方国，但并没有把这些异姓方国融化为自己邦族的一部分，而仅仅是迫使它们处于附属、服从的地位。因此，所谓的殷王朝，实际上不过是以"大邑商"为领袖的、由众多方国组成的方国联合体，与秦汉以后的大一统王朝有着天壤之别。殷王朝直接控制的"四土"为今天黄河中下游的冀南、豫中一带。其他的邦族方国，基本上都是独立的，它们和"大邦殷"之间的关系，与酋邦时代不平等部落之间的"递等"关系一脉相承，可视为一种首领和从属的关系。所以，尽管"大邦殷"在整个有商一代始终是实力最为强大的一个方国，但其他方国对商王国并不是一贯俯首帖耳，奉命唯谨，而是根据商人和它们自己力量的变化消长，或叛或附，或敌或友。这种时即时离的关系，一直持续到殷亡。因此，倘若用后代大一统王朝实行的那种中央集权统治的标准来衡量，商代的王权实在是十分有限的。

这种方国联合体式的政治结构，当然首先与当时社会所处的总体发展水平和阶段有关，但同时，也与殷人自身所具有的、带有浓厚农牧业混合文明特征的文化传统密不可分。殷人的族源出自我国东北，其后不断南下迁徙，到达今之山东西部一带，与东夷密切接触①，原始时代本以牧猎为生，其后由于生产力发展，农业渐居主业。但是，即使是在农业生产久已占据主导地位之后，原有牧业文明的文化传统对于社会的发展仍然具有巨大的影响。特别是在殷代后期，其影响在很大程度上阻碍了社会的变革和进步，对于殷人的发展起着一种严重的阻滞作用。而在既往的先秦史研究中，这一作用往往被忽视了，这实际上影响到对于殷周社会的正确认识。我们在后面将对这一问题详加论述，这里仅作简单的理论说明。

研究殷周历史的学者一般都承认：殷周社会存在着巨大的差异，而造成这种差异的原因主要是周初的

---

① 关于殷人的族源，学术界本来多持出自东夷的认识，笔者过去也赞同这种认识。但是近年来考古学界提出了新的观点，认为从考古发掘来看殷商文化与东夷文化似有区别。究竟结论如何，尚有待进一步研究。

改革。这也就是王国维先生早就说过的：“中国政治与文化之变革，莫剧于殷周之际。”① 但同时，这些学者一般又都承认：倘若就生产力的发展程度而言，殷人的生产力水平并不较周人落后。而且，如果从文化发展的角度看，殷人的文化似乎还较周人先进。因为连周人自己也坦率地说“惟殷先人，有册有典”，承认殷人在文化上的先进地位。既然如此，那么导致殷周之际发生巨大政治与文化变革的根本原因究竟是什么呢？

对于这一问题，已往的学者往往从五种生产方式更替演变的角度，用社会制度的不同来解释，即：殷商是奴隶制社会，而西周是封建制社会。但这种解释中实际暗含着一个关键性的理论盲点，即：它无法从殷周生产力水平差异的角度来证明“生产力决定生产关系”这一历史唯物论的基本原则。因为，倘若从生产力发展水平去考察，殷人的生产力水平不但不比周人落后，反而可能领先于周人。那么何以周人在社会制度上却超越于殷人？

实际上，造成这种认识谬误的原因无它，恰在于我们已往一直忽视了文明类型的差异对于包括宗法组织和政治制度在内的社会结构，乃至思想文化发展差异的影响。我们已往的目光始终关注于生产力和生产关系，却忽视了生产方式的影响和作用。

一些新的研究成果已经证明：殷周之际的变革固然是巨大的，但周人于政治、经济、文化等方面的种

① 《观堂集林·殷周制度论》。

23

种建树，殷人其实多已具有，并非是周人的发明，只不过其水平远不如周人发达而已。何以如此？根本的原因就在于：殷人由于受其浓厚的农牧业混合特征文化传统的影响和制约，在农业生产占据主要地位之后很久，仍然未能完成向成熟的农业文明社会的过渡。殷商时期那种邦国联合体式的组织形态，与纯粹的游牧民族的部落联合体组织形态有着很多的相似与共通之处。导致这种邦国联合体式组织形态长期存在的原因有多种（例如总体的社会发展水平的原因），但是毫无疑问，农牧业混合文明特征的文化传统的制约所起的滞后作用是重要原因之一。

（3）周代

一方面，从"血缘与地缘结合"的意义讲，西周时期仍然与商代一样，同属于典型的中国早期国家时代。另一方面，周人由于于代商之初就进行了具有极其重大和深远意义的政治与社会改革，从而在后来的发展中走上了一条与殷人完全不同的道路。

根据文献记载，周人从很早的时期起，就是一个以农业生产为生的古代部族，而且，其单纯的农耕社会特征十分明显。农耕生产要求生活安定。周人之所以在代殷以后"封建诸侯"，"制礼作乐"，用"宗统与君统合"的宗法政治制度统治天下，以礼乐的规范约束人们的行为，以求天下秩序的稳定，而不是像殷商那样单纯依靠强大的武力来维护自己的地位，归根到底，是与这种生产方式所决定的文化传统性质息息相关的。

周人于代殷之初所试图建立的，本来仅仅是仿效殷代政治模式的、以周为领袖国的方国联合体王朝。武王克商以后，"封纣子武庚禄父，以续殷祀"，并没有消灭殷国，只是令殷人作为邦国联合体之一员服从于周，正如周曾经长期作为邦国联合体之一员服从于商一样。倘若失败的殷人能够从此甘心屈居于从属的地位，那么周代未必不会像殷商一样，成为一个众多方国林立的时代，至少在周初的一个长时段内很可能是如此。

但是武庚的叛乱从根本上改变了这种局面。周公东征胜利以后，出于巩固统治的考虑，对国家政治制度进行了具有深远意义的重大改革，实行"天下宗周"的分封制度，改变了周初那种不平等方国联合体的政治格局，以武装殖民的方式在广阔的地域内建立起众多周系诸侯的强大据点，把周王朝改造成一个大规模的、宗法化的、以周王为宗主的同姓诸侯为主、异姓诸侯为辅的新型王朝。在这一改造过程中，周人原有的成熟的农业生产方式所具有的文化特性，与现实的迫切政治需要紧密地结合起来，以"长治久安"为目的，以分封制度为基石，创建了发达的、以礼乐制度为基本特征的农耕文明政治—社会结构。

周人实行的"封建亲戚，以蕃屏周"的宗法分封，具有多方面极其重要的意义和深远影响。就国家政体而言，它大大促进了国家制度的发展进步，改变了夏商时期亲族聚居、一族即是一"国"的政治结构；在打破旧式部族方国血缘界限的基础上，以周王"授土授民"的名义赐予，建立起一批以周人为统治族的新型国家。在这一过程中，大批的殷遗民和其他一些商代强大方国的贵族、平民，以宗族为单位，整族整族地被迁往各周人封国，由封国统治者"帅其宗氏，辑其分族，将其类丑"，进行分化式管理。文献中记载被分封的所谓"殷民七族"、"殷民六族"、"怀姓九宗"，就是典型的例子。其结果，一是殷人的旧有势力脱离本土，云散四方，被分别羁绊，已不可能重整聚合，死灰复燃。二是这些由周王"授土授民"新建的国家，已经不是旧式一族聚居的方国，而是由周人、本地土著以及外迁的殷人和其他方国各部族混合，以周人为统治族的新型国家。虽然各族之间依然是各自聚居，但是一国之内则是各族混居，由是而使过去那种以血缘为标志的"族国"在周系诸侯内不再存在，这就为未来向成熟的地缘国家发展奠定了必要的基础。

同时，这些分封的诸侯国家不但在名义上属于周天子所有，在实际上也须在相当程度上听从周王的指挥，并承担各种义务和责任。它们与周王室的关系，已不再是方国联合体中的成员与首领，而是臣属与君主的关系，从而使王权大大强化。这种变化，正如王国维所说："由是天子之尊，非复诸侯之长，而为诸侯之君。"就是从这一时代起，中华民族的先民才第一次具有了"天下一体"的观念。当时的诗人所吟唱的"溥天之下，莫非王土；率土之滨，莫非王臣"，便是这种观念的生动反映。而作为中华民族主体民族的华夏民族的生长聚合，也正是从这一时期开始。由是观之，商周之际的变革，的确意义重大。实际上，中国国家形态之所以能够完成由早期国家向成熟国家的过渡，中华民族的主体民族华夏族之所以能够在那么早的时期就趋于形成，中国传统文化的核心精神之所以在周代就得以基本确立，无不有赖于殷周之际的变革。所以，王国维所说"中国政治与文化之变革，莫剧于殷周之际"，确是不易之论。

（4）春秋战国时代

周人反殷时，将自己及其友邦结成的政治同盟称为"诸夏"，其对立面则是殷人及其友邦，特别是与殷人渊源深厚的徐夷、淮夷等诸"夷"。代殷以后，凡是承认周天子君主地位的封国都实行了由周公创建的礼乐制度，周人因此而在文化上高于原来"有册有典"的殷人并具有了日益充分的自信，从而于"诸夏"之外又自称"诸华"。于是，"夷夏之辨"或"华夷之辨"，就成为周系诸侯与其他一切不接受周人统治与礼乐改造的野蛮或半野蛮部族方国的政治文化分野。

华夏诸国与戎狄蛮夷的斗争持续了几百年，华夏的力量逐渐壮大。到春秋末期和战国初期以后，形势发生了根本性的变化。原来华夏诸国相对狭小的"点"已经开发扩大为越来越大的"面"，并且通过攻伐兼并形成了少数幅员广阔的大国。而过去杂厕错居于华夏之间的戎狄则先后被华夏诸大国吞并攻灭。于是，中原地区不再存在旧式的血缘族国，而"华夏"也日益具有了复合的"文化民族"的意义。

同时，由于西周时期的主要战争是周系诸侯与戎狄蛮夷之间的"夷夏之争",周系诸侯之间的战争较少。相对于商代而言,社会环境要安定一些,这就使得生产力有了较为迅速的发展。到春秋战国之际,牛耕的广泛推广使耕作技术有了很大的进步,与此相关的灌溉和施肥技术也有了明显的提高。这些农业科技发展的直接结果,就是粮食产量的增长和一年两熟耕作制的形成,由此而导致两个重要的后果。

其一,由于生产力的发展导致生活环境的改善,使人自身的再生产速度加快,各国人口迅速增加。这就使原有的耕地不够使用,而必须大量垦荒。许多大片的荒野地带,到春秋后期已被陆续开发,出现了众多的新居民点。进入战国以后,中原地区原有的国与国之间的"隙地"已不再存在。这种崭新的状况,是中国历史自夏商以来前所未有的。从这个意义上讲,可以说人类对于这一地区的开发占领已经基本完成。

其二,粮食产量的提高和农业技术的进步,还使以一家一户为单位的小生产和个体经营的小农成为社会的基本生产单位,而不必依赖过去那种紧密的宗法血缘纽带来维系生存,这就使得旧有的宗族结构自然衰败了。

大量垦荒所导致的原有田制之外的大量"私田"的出现,以及小农家庭逐渐构成社会的基础生产单位,都破坏了原有的那种层层依附的等级分封制度,而使国家直接管理的"县"成为日益普遍存在的行政单位,其管理者不再是旧式的封君,而是国君任命的官员,由此而使各级地缘组织不断完善。这使国家政体一步步完成了由早期国家向成熟国家的过渡。至战国末期，各国内部均已确立新型的中央集权国家制度。已完成开发的农耕区域走向统一的历史条件日臻成熟。

一个疆域广阔、人口众多、制度先进、文化发达、规模极其恢宏且举世无双的庞大帝国，即将在这块东亚大陆出现。

二 英雄时代的史诗

舜逐四凶：华夷之辨的发端

根据当代的考古学成果，不难看出，生活在东亚大陆今天我国范围内的远古人类，如果说旧石器早期遗址的文化特征还比较同一的话，那么至少到进入旧石器中期以后，其差异便逐渐明显，开始具有最初的"区域文化"的意义。例如，北方的石器制造向小型化发展，并进而区分为小石器和细石器两个类型；南方的石器制造差别更多，可依其大小不同而划分为几个区域。南方的文化遗址中出土的骨器和角器很多，而北方的文化遗址中此类物品则其少。

进入新石器时期以后，这种文化风貌与特色的差异便表现得更加鲜明了。例如，体现炎、黄集团活动的，作为黄河流域影响最大的新石器文化的仰韶文化①，其

---

① 结合文献资料与考古成果，作为仰韶文化的代表特征的彩陶文化与古羌人分布区相重合，所以学者一般认为彩陶文化为古羌人所创造。作为部落联合体的所谓炎、黄集团，实际上是活动于中原地区的，由氐羌、戎狄和东夷中的先进部族组成的强大酋邦。

最有代表性的成就便是彩陶制造。这种彩陶艺术在仰韶文化早期是以红陶黑彩为主，而到了中期以后则发展为以白、黄、红色为底衬，再绘以黑、棕、红色的单彩或双彩。而与仰韶文化同时存在、主要体现东夷集团活动的大汶口文化，其早期的陶器制造多为红陶，到了中期以后灰陶与黑陶的数量逐渐增多，并且出现了质地细腻的薄胎陶器。这两种不同特色的陶器制作风格，清楚地反映出了仰韶文化与大汶口文化之间的鲜明差异。

到了新石器晚期的龙山文化时代，出现了一个非常有意思的文化现象。龙山文化的遗址遍布于黄河中下游地区，它既包括炎、黄集团的活动地域，也包括东夷集团的活动地域。迄今为止，考古学上发现的龙山文化遗址已经有八九百处，这些遗址的出土器物表现出两个特点。其一，都以灰黑陶为其共有的显著特征。其二，在这种共有的特征中又表现出不同的具体差异。这些差异各自反映着它们不同的文化渊源。例如，黄河中游的河南龙山文化，其陶器的常见纹饰为绳纹、篮纹和方格纹，透露出来源于仰韶文化的信息；黄河下游的山东龙山文化，其陶器中薄胎细质器很多，陶器表面以素面和磨光为主，而少见绳纹、篮纹和方格纹之类纹饰，这反映出其来源于大汶口文化。例如人们所熟知的那种其薄如纸、其明如镜、其黑如漆的"蛋壳陶"，便显然是由大汶口文化发展而来的。有着不同文化渊源的不同类型的龙山文化具有共同的显著特征（以灰黑陶为主），这表明到了新石器晚期，不同地域、不同部族之间的人们的来往与联系显然加强了，

因而表现出一种文化融合的趋势。另一方面，仰韶文
化型的龙山文化尽管其活动遍布中原地区和我国西北、
西南各地，却始终被阻于今黄河西北岸的滨县—禹
城—封丘一线，而山东则是大汶口型龙山文化的天下，
这一现象又说明：在文化来往与联系增加的同时，不
同类型的异质文化间的排拒扦格始终是十分顽强的。

这种既相互吸收融合又顽强排拒冲突的文化碰撞，
到了原始人类接近文明门槛和进入文明时代初期的时
候，便表现为文化上占有相对优势的部族方国对于文
化落后的部族方国的联合排斥。从文献记载看，这种
联合排斥的现象至少到尧舜时代已经发生。

《左传》文公十八年记载了鲁国的太史克所讲的这
样一段话：

> 昔高阳氏有才子八人：苍舒、隤敳、梼戭、
> 大临、尨降、庭坚、仲容、叔达，齐圣广渊，明
> 允笃诚，天下之民谓之八恺。高辛氏有才子八人：
> 伯奋、仲堪、叔献、季仲、伯虎、仲熊、叔豹、
> 季狸，忠肃恭懿，宣慈惠和，天下之民谓之八元。
> 此十六族也，世济其美，不陨其名。以至于尧，尧
> 不能举。舜臣尧，举八恺，使主后土，以揆百事，
> 莫不时序，地平天成。举八元，使布王教于四方，
> 父义，母慈，兄友，弟恭，子孝，内平外成。

太史克此段话，从观念制度与文字风格看，未必是当
时的实录，其中应有后代传说的成分，但它所透露的

信息和折射的史影则很古老。高阳氏即帝颛顼，高辛氏即帝喾，都是传说"五帝"中的人物。所谓"才子八人"，实际上指的是八个杰出的部族，这从文中所说的"此十六族"即可确知。太史克所说的这十六族，都是当时无论生存能力或文化发展水平均处于优越地位的先进部族。如高辛氏的"八元"，以虎豹熊狸为名，代表其勇悍善战的能力；又具有忠肃恭懿的品质，反映出其文化的先进。所谓尧不能举而舜举八元八恺"以揆百事"、"使布王教于四方"，透露出的恰是到舜的时代一些来源于不同族氏的先进部族开始联合起来，相互合作并各自占据与其实力地位相称的位置的史实。而它们联合的一个重要目的，便是把一些原始落后的部族视为共同的敌人，将其驱逐出中心活动地域。这从太史克紧接着的话中就可以证实：

　　昔帝鸿氏有不才子，掩义隐贼，好行凶德，丑类恶物，顽嚚不友，是与比周，天下之民谓之浑敦。少暤氏有不才子，毁信废忠，崇饰恶言，靖谮庸回，服谗蒐慝以诬盛德，天下之民谓之穷奇。颛顼氏有不才子，不可教训，不知话言，告之则顽，舍之则嚚，傲很明德，以乱天常，天下之民谓之梼杌。此三族也，世济其凶，增其恶名，以至于尧，尧不能去。缙云氏有不才子，贪于饮食，冒于货贿，侵欲崇侈，不可盈厌，聚敛积实，不知纪极，不分孤寡，不恤穷匮，天下之民以比三凶，谓之饕餮。舜臣尧，宾于四门，流四凶族浑敦、穷奇、梼杌、饕餮，投诸四裔，以御魑魅。

是以尧崩而天下如一，同心戴舜以为天子，以其举十六相，去四凶也。

这段话中所说的浑敦、穷奇、梼杌、饕餮等四个"不才子"，实际上与前面的"八元"、"八恺"一样，指的是部族，所以才说"流四凶族"。这四个"凶族"的罪名，如掩义隐贼、顽嚚不友、毁信废忠、崇饰恶言以及傲很明德、以乱天常之类，指的都是道德卑下乃至没有道德观念；贪于饮食、冒于货贿、侵欲崇侈、不可盈厌，指只知追求饮食财物而缺乏理性；不可教训、不知话言、告之则顽、舍之则嚚，指愚蛮而不可理喻，甚至连语言都不通。不难看出，所谓"四凶族"，都是一些愚昧野蛮的落后部族。

以上太史克的两段话中，忠、肃、恭、懿、义、友等道德观念，作为抽象化的伦理概念，都是很晚以后才出现的；但作为一种社会化的行为规范，无疑在部族社会时代即已存在。"投诸四裔"之四裔，虽然并非如后代所理解的那样是指"中国"之外的边远地区，但显然是指当时人类活动中心区域以外的尚未开发的蛮荒地区。舜联合一批先进的优秀部族，把那些相对愚昧野蛮的落后部族驱逐到已经开发的富庶地区之外，让那些落后部族到洪荒野地去面对"魑魅"，他因此而获得了广大先进部族的拥戴，成为继尧之后的又一部落联合体领袖。

华夏与华夷之辨的观念，是在西周以后才出现的。我们在这里之所以把舜逐四凶视作华夷之辨的发端，主要是就文化上相对先进的部族方国联合排拒文化落后的部族方国这一行为的实质意义而言的。因为就本质来说，"华夏"与"夷狄"的区别说到底就是文化的区别（最初是政治的区别），而不是血缘的区别。例如前面所说的"八元"、"八恺"，分别属于不同的部族，却因文化的发达而联合起来；"四凶"亦分别来自不同的部族，却因文化的落后而遭到先进部族的联合排拒。"华夏"族之所以后来具有了民族的特点和含义，恰恰是文化上的统一使创造和接受了华夏文化的不同部族与众多的自然民逐渐具有了"表现于共同文化上的共同心理素质"，从而在这一基础上形成了范围较前此的上古民族远为广阔的"稳定的人们共同体"。

 尧舜禅让：躁动于酋邦母体

中的文明时代

距今四千多年以前，我们中国主要版图之内的大部分地域都处于气象学上所谓的"仰韶温暖期"。根据现代考古学的成果，生活于这一地域之内的上古人类，经历了仰韶时代、大汶口时代、龙山时代的发展①。北

---

① 这里的"仰韶时代"、"大汶口时代"、"龙山时代"只是借用长期以来的习惯说法。实际上，考古学界对于我国新石器时代的文化序列已有新的认识。例如，不再称后岗一期和半坡早期为代表的遗存为仰韶文化的"后岗类型"和"半坡类型"，而将它们分别视为两支独立的考古学文化。

至甘、青，南达交、广，东抵大海，西到川、藏，都已有了他们活动的足迹。特别是在黄河中下游地区，由于气候适宜，地理环境优越，人类在特定的狭小地域内对于自然的开发已经达到相当的高度。例如汤阴白营聚落遗址，仅在不到2000平方米的范围内就发现房址63座，而整个遗址的面积达到3.3万平方米，"估计整个聚落的经常性人口当在千人以上"①。这说明，在一些人类活动较早、开发较充分的局部区域，人口密度已经达到一定的程度。

与之相适应的，是显示土地与财产争夺的战争频繁、具有防御作用的城邑的广泛出现。20世纪以来，已经发掘出多处相当规模的古城遗址。例如在山东省历城县龙山镇城子崖发掘的夯土城墙遗址，面积达十几万平方米，据学者考证，认为是典型的龙山文化遗址②。1984年在山东省寿光县边王村发掘的龙山文化中期的城堡遗址，面积为4万多平方米，绝对年代为公元前2200年左右。20世纪80年代在河南省淮阳平粮台发现的龙山中期古城遗址，面积达5万多平方米。这些具有相当规模的雄伟的城邑的广泛出现，既代表着当时一些势力强大的酋邦的发展程度，也标志着这一地域的人类社会即将迈入文明时代的门槛。

---

① 河南省安阳地区文物管理委员会：《汤阴白营河南龙山文化村落遗址发掘报告》，《考古学集刊》1983年第3期。参见宋镇豪《夏商社会生活史》，中国社会科学出版社，1994。
② 见高广仁等《典型龙山文化的来源、发展及社会性质初探》，《文物》1979年第11期。

在史前研究中，有的学者将文化人类学中的"游团"、"部落"、"酋邦"、"国家"等概念及其所代表的社会发展阶段与中国史前考古学文化的各个发展阶段相对应，认为旧石器和中石器时代相当于游团阶段，仰韶文化相当于部落阶段，龙山文化相当于酋邦阶段，三代以后相当于国家阶段[①]。也有的学者依据世界各地的考古发现，将包括中国在内的世界上第一批原生形态的文明起源和国家形成过程划分为三大阶段：最初是大体平等的农耕聚落形态，其后逐渐发展为含有初步分化和不平等的中心聚落形态，再进而发展为都邑国家形态，这也就是早期国家文明的形成和确立时期[②]。

在中华民族史前时期的历史上，具有一定规模的、属于酋邦性质的部落联合体出现得很早，不同的部落联合体之间爆发的战争也很频繁。《史记·五帝本纪》说黄帝"抚万民，度四方，教熊、罴、貔、貅、貙、虎，以与炎帝战于阪泉之野"；《逸周书·尝麦解》说炎帝与蚩尤"争于涿鹿之河，九隅无遗"，炎帝不敌，与黄帝联合，"执蚩尤，杀之于中冀"。这些反映的就是上述情况。这些不同的部落联合体之间有的很可能

---

① 张光直：《中国青铜时代》，三联书店，1983，第49~54页。
② 王震中：《中国文明起源的比较研究》，陕西人民出版社，1994，第四章；《中国文明形成过程中的几个特点》，《中国社会科学院研究生院学报》1993年第5期。按照王震中的看法，第三阶段的都邑国家形态为公元前3000至前2000年的夏王朝之前的方国崛起时期，大体上相当于考古学上所习惯称的龙山时代和古史传说中的颛顼、尧、舜、禹时代。

具有一定的血缘渊源，例如根据《国语·晋语四》的记载，"昔少典氏娶于有蟜氏，生黄帝、炎帝。黄帝以姬水成，炎帝以姜水成。成而异德，故黄帝为姬，炎帝为姜"。显然，炎、黄之间应有一定的族源渊源①，这种族源渊源很可能已经十分疏远，因此，在两个不同的部落联合体发生碰撞冲突时便爆发了战争。但是，当面临着完全陌生的其他部落联合体的进攻时，这种尽管疏远的渊源关系也仍然能够发挥作用。所以，在蚩尤带领苗蛮部族②北进中原的时候，炎帝部族就与黄帝部族结合为一体了。

上古时候，不同的部族与部族联合体之间发生战争，主要是为了争夺最适宜生活繁息的土地。当时地广人稀，武力强者夺取弱者的土地之后，就将后者驱赶到尚未开发的蛮荒旷野，由此而有反复出现的民族迁徙。例如与炎、黄战败的苗蛮部族，在新石器时代中期的时候本来是中原地区的主人，即如学者所说："祝融八姓的早期分布，北起黄河中游，南至湖北北

---

① 以炎、黄为姜、姬部族的祖神，这是自先秦以来的传统认识，现代学者多数仍持这种看法。但是亦有对此问题的不同认识，如认为炎帝与黄帝本为北方狄人的神灵，后来在"中原中心论"的影响下才被"请"到中原落户，成为姜、姬部族的祖神。究竟如何，尚有待进一步研究。

② 关于蚩尤的族属，学术界并无一致意见，多数学者认为他是苗蛮部族的领袖，但也有学者认为他属于东夷集团甚至华夏集团，还有人认为他属于南方太湖地区的良渚文化部族。关于苗蛮部族的原始居地，学术界同样存在不同看法。有的学者认为苗蛮部族至少在新石器时代中期就已经是中原地区的主要居民，其后才逐渐向南方和西南方向迁徙。历史的真相很可能即是如此。

部……郑为祝融之虚，很可能是祝融八姓的中心。"①

　　苗蛮部族的首领蚩尤是中国历史上最富传奇色彩的人物。史载"黄帝摄政，有蚩尤兄弟八十一人……造立兵仗刀戟大弩，威振天下，诛杀无道，不仁慈。万民欲令黄帝行天子事，黄帝以仁义不能禁止蚩尤，乃仰天而叹。天遣玄女下授黄帝兵信神符，制伏蚩尤，帝因使之主兵，以制八方。蚩尤没后，天下复扰乱，黄帝遂画蚩尤形象以威天下，天下咸谓蚩尤不死，八方万邦皆为弭服"②。从这些悠久的传说中，不难想见苗蛮部族当时的势力和威风。

　　蚩尤战败被杀，被称作九黎的苗蛮部族却不肯屈服，于是向南方和西南方退却以求生存。其后到了舜、禹时代，重新强大起来的苗蛮部族与向南方扩张的中原部族再次发生冲突，此时的苗蛮部族已被称作"有苗"或"三苗"，于是又有舜的"分北三苗"及"禹伐有苗"。再次失败的苗蛮部族仍然不肯屈服，继续向南方和西南的不毛之地退避，到崇山峻岭之中去艰苦图存。但也有部分仍然留在中原地区，到商周时期建立了苗、邓、黎、曼等小国，后来逐渐融会于西周以后出现和形成的华夏族。

　　我们在前面的注文中曾经说明，结合文献资料与考古成果，由于作为仰韶文化的代表特征的彩陶文化

---

① 李学勤：《谈祝融八姓》，《江汉论坛》1980 年第 2 期。前辈学者孙作云先生曾作《蚩尤考》，提出蚩尤最早发迹于河南鲁山的滍水一带。

② 《史记·五帝本纪》正义。

与古羌人分布区相重合，所以学者一般认为彩陶文化为古羌人所创造。而作为部落联合体的所谓炎、黄集团，实际上是活动于中原地区的，由氐羌、戎狄和东夷中的先进部族组成的强大酋邦。依照研究者的看法，作为都邑国家形态的中国史前社会发展阶段为公元前3000至前2000年的夏王朝之前的方国崛起时期，大体上相当于考古学上所习惯称的龙山时代和古史传说中的颛顼、尧、舜、禹时代。这种新的认识与传统的观点有很大不同。因为倘若根据传统的认识，从黄帝直到颛顼、帝喾乃至尧、舜、禹，都是黄帝的后代子孙，"皆同姓而异其国号"。这种"万世一系皆源自黄帝"的认识，显然是"层累地构造的古史"的典型结果。实际上，黄帝、昌意、颛顼、帝喾直至尧、舜、禹，显然是来自许多不同部族的领袖，他们之间并不存在连续的继承关系。而且根据一些学者的研究，这些有名有姓的部族领袖甚至不可能是具体的个人，而仅仅是一个相当漫长时代的某个氏族部落象征意义的代表。例如我们所熟知的颛顼，按照文献的记载，既有生父、生母，又有生地、居地、葬地，似乎是一个实有的人物。然而，正如上古传说中的黄、炎由西部徙东至于黄河中游远非一代人所能完成的那样，生于西部若水却居于东部帝丘的颛顼，显然也不大可能是同一个人①。

---

① 关于黄帝部落和炎帝部落的来源与族氏，学术界有不同认识。现在一般多认为炎帝部落是西方古羌人部落，黄帝部落是北方的戎狄部落。至于黄、炎部落联合体，则集合了众多来源于西羌、北狄、东夷以及原居于中原地区的部分苗蛮部落。

本章第一节中曾经分析过，所谓尧不能举而舜举八元八恺"以揆百事"、"使布五教于四方"和"逐四凶"，透露出的恰是到舜的时代一些来源于不同族氏的先进部族开始联合起来，相互合作并各自占据与其实力地位相称的位置，把一些原始落后的部族视为共同的敌人，将它们驱逐出中心活动地域的史实。而与此相伴生的，则是出现了一系列极富启示意义和具有重大影响的历史现象：从尧、舜、禹的"禅让"到"家天下"的夏朝的建立。从这些史实和历史现象中，我们可以得出很多有关当时社会的性质和结构功能的结论。

为了清晰了解这一时期的情况，我们不妨先看一看文献记载的尧、舜、禹"禅让"的史迹。

传说帝尧是帝挚之弟、帝喾之子，史称他"其仁如天，其知如神。就之如日，望之如云。富而不骄，贵而不舒"，"能明驯德，以亲九族。九族既睦，便章百姓。百姓昭明，合和万国"①。

尧在位共 98 年，于即位 70 年时得舜，最后 28 年便由舜实际执掌政事。据史载："尧知子丹朱之不肖，不足授天下，于是乃权授舜。授舜，则天下得其利而丹朱病；授丹朱，则天下病而丹朱得其利。尧曰：终不以天下之病而利一人。而卒授舜以天下。"尧死之后，百姓非常悲痛，三年之内天下不举乐，以寄托对尧的哀思。

---

① 《史记·五帝本纪》。

尧虽然让位于舜，舜却不肯即位，让位于尧子丹朱，自己避于"南河之南"。但是，"诸侯朝觐者不之丹朱而之舜，狱讼者不之丹朱而之舜，讴歌者不讴歌丹朱而讴歌舜"。舜说："这是天意啊！"于是即位为天子。由此看来，尧舜间领袖地位的继承过程似乎是十分和平的。而后代的史家之所以用"禅让"这一后代的政治概念来说明尧舜禹之间的权力转移，正因为"禅让"的意义即在于指"最高政治权力的和平交接"。

但是历史文献还有另外一种迥然不同的记载。《史记·五帝本纪》正义所引《括地志》的两条材料说："《竹书》云：昔尧德衰，为舜所囚也。""《竹书》云：舜囚尧，后偃塞丹朱，使不与父相见也。"此外，《史通》所引的《竹书纪年》，内容也与此大致相似，说是"舜放尧于平阳"。

战国以后的文献中，记载的情况就更加激烈了。例如《韩非子·外储说右上》说：

> 尧欲传天下于舜，鲧谏曰："不祥哉！孰以天下而传之匹夫乎！"尧不听，举兵而诛杀鲧于羽山之郊。共工又谏曰："孰以天下而传之匹夫乎！"尧不听，又举兵而诛共工于幽州之都。

鲧因反对舜继承尧之位而被杀，还见载于《吕氏春秋·恃君览·行论》：

> 尧以天下让舜。鲧为诸侯，怒于尧曰："得天

之道者为帝，得地之道者为三公。今我得地之道，而不以我为三公。"以尧为失论，欲得三公。怒甚猛兽，欲以为乱。……召之不来，仿佯于野以患帝。舜于是殛之于禹山，副之以吴刀。

据分析，这些记载说明了这样一种情况：一方面，舜的继位遭到了酋邦的某些成员的反对（其中可能以鲧和共工为主要代表）；另一方面，为了使舜的继位得以实现，曾经动用了武力，而且舜还亲自主持了平息不满的武力行动。可见舜的继位不是一帆风顺的，他既可能同尧对抗过，也可能同酋邦其他成员对抗过①。

根据文献的记载，尧属于陶唐氏，而继尧而立的舜则属于有虞氏。传说舜是冀州之人，出身于帝颛顼的系统，但是至五世祖穷蝉时已经寒微，接连几代都是贫贱之人。所以他曾经在历山种过地，在雷泽打过鱼，在黄河边上做过陶器，在寿丘做过手工，在负夏做过生意。总之是历经诸业，备尝甘苦，颇有"天将降大任于斯人也，必先苦其心志，劳其筋骨"的意思。这显然是后代的史家（包括司马迁）根据他们生活时代的情况对三代以前的上古社会所作的想象。但是从我们今天来看，这种情况应当是不大可能出现的。无论唐尧、虞舜还是夏禹，都必然是出身于当时的酋邦中强大而有势力的部族中的最有势力的家族，否则绝不可能有力量问鼎部落联合体的最高首领。所谓舜的

---

① 详见谢维扬《中国早期国家》，第319～320页。

祖先"自从穷蝉以至帝舜,皆微为庶人",禹的"曾大父昌意及父鲧皆不得在帝位,为人臣",绝非是指舜、禹出身寒微,而仅仅是说他们所从属的部族并非当时最为强大的部族,因而不可能担任酋邦的最高领袖而已。

舜继尧位之后,部落联合体的规模有了更大的发展。据说舜特别善于团结当时势力强大的不同部族。本章第一节所叙述的舜"举八元八恺"及"逐四凶"的故事,反映的就是舜联合一批先进的优秀部族,把那些相对愚昧野蛮的落后部族驱逐到已经开发的富庶地区之外,让那些落后部族到洪荒野地去面对"魑魅"的史实。根据文献的记载,当时雄踞于中原地区、以尧舜为代表的强大酋邦曾经频繁地发动对于落后部族的战争。例如《淮南子·本经训》说:"尧乃使羿诛凿齿于畴华之野,杀九婴于凶水之上,缴大风于青丘之泽,上射十日而下杀猰㺄,断修蛇于洞庭,擒封豨于桑林。"《吕氏春秋·召类》说:"尧战于丹水之浦,以服南蛮。舜却苗民,更易其俗。"《荀子·议兵》说:"尧伐驩兜,舜伐有苗,禹攻共工。"舜也因此而获得了广大先进部族的拥戴,成为继尧之后的又一部落联合体领袖。

舜年老以后,仿效尧的做法,把处理政事的权力转交给禹,自己又过了17年才去世。舜死之后,禹也仿照舜的故事,把最高领袖的位置让给舜的儿子商均,自己避居于阳城。然而诸侯们却一致拥戴禹,禹于是继舜而即位。

不过，和舜的继位一样，关于禹及其子启的继位，文献中也有另外一种记载。《韩非子·说疑》说："舜逼尧，禹逼舜。"《史记·燕召公世家》说："禹荐益，已而以启人为吏。及老，而以启人为不足任乎天下，传之于益。已而启与交党攻益，夺之。天下谓禹名传于益，已而实令启自取之。"《战国策·燕策》说："启与支党攻益而夺之天下。"

对于这类记载，已往的人们往往不予重视。正如著名历史学家王玉哲先生所指出的："过去史学家由于长期受儒家思想的熏陶，大都以儒家所传的禅让说为实录，信之不疑；而对篡夺说则不予理睬，或直认为系周末人不经之谈。"其实，"禅让和篡夺正是前后两种新和旧的社会因素、犬牙交错的过渡阶段的社会现实"①。

那么，尧舜禹时代的真实情况究竟可能是怎样的呢？依笔者的看法，至少以下几点应当是确切无疑的。

首先，就当时相对发达的黄河流域中游地区来说，具有一定规模、由来源于不同族姓的强大部族共同组成的、属于酋邦性质的部落联合体不但久已出现，而且其内部的运行机制已经相对稳定。这种运行机制的相对稳定主要表现于那些势力强大的部族之间不再动辄以激烈的外部冲突的形式（例如发动大规模的战争）来争夺酋邦的最高领导权，而是已经具有和

---

①　王玉哲：《尧、舜、禹"禅让"与"篡夺"两种传说并存的新理解》，《历史教学》1986 年第 1 期。

能够运用相当成熟高明的政治智慧，通过相对和平的方式达到必要的妥协，以完成最高领导权的交接和嬗替。我们对于尧舜禹的"禅让"或"篡夺"，皆应作如是观。因为即使是发生过属于暴力性质的"篡夺"，就其过程和影响来看，所有参与各方显然都是相当克制的。

其次，从唐尧到虞舜再到夏禹的领导权交接，我们都不应看做是个人之间的权力转移，而应视作是部族地位变更的反映。按照文献记载，尧在位共98年，其中前70年为亲政，后28年将行政权力转交给舜，但尧仍保有最高首领的地位。不言而喻，执掌这近百年权力的显然不可能是某个个人，因为任何一个个人都不可能有这样长的执政寿命，古今中外从来没有。所以只能是尧所从属的陶唐氏部族。因此，所谓尧在位近百年的说法，不过是陶唐氏部族曾经在近百年的时段之内握有部落联合体最高权力的一种曲折反映。而前70年"亲政"与后28年"令舜摄行天子之政"的差异，也隐约向我们透露出有虞氏部落势力渐强，逐渐赶上和超过陶唐氏部落的史影。

虞舜时代的情况就更加明显了。舜在尧的晚年便"摄政"28年，尧死之后舜亲政多年，到晚年再仿效尧的榜样让政于禹，自己又过了17年才死去。由此看来也不大可能是属于个人的行为。此外，虽然从现存的某些文献来看，舜的时代似乎仅仅是一个人的时代，但是另外一些资料则明确启示我们：虞舜的时代比之唐尧的时代，更像是一个朝代。作为朝代的"唐"较少见于记载①，而作为朝代的"虞"则屡屡见于文献。《左传》文公十八年说："故《虞书》数舜之功曰：慎徽五典，五典克从。"我们知道，先秦文献凡是说到"某书"，如"夏书"、"周书"，多是指的某一朝代的文献。以此类推，"虞"显然应当是一个朝代的名称。《左传》庄公三十二年说："故有得神以兴，亦有以亡，虞、夏、商、周皆有之。"这里的"虞"与夏、商、周并列，无疑应当是一个朝代。《国语·周语上》说："昔我先王世后稷，以服事虞、夏。"《墨子》里只要讲到上古朝代，往往都是虞、夏、商、周并举。《礼记·明堂位》说"有虞氏官五十，夏后氏官百，殷二百，周三百"，也是从虞谈起，虞、夏、商、周并列。凡此皆足以说明，在先秦时人的观念里，"虞"的确是作为一个朝代而存在过的。

与尧在晚年使舜"摄政"28年透露出有虞氏部落势力渐强，逐渐赶上和超过陶唐氏部落的情况一样，舜在晚年"让政于禹"，透露出的应是类似的信息。

倘若我们从这样的角度去认识上古历史，那么"舜殛鲧而用禹"、"禹逼舜"、"天下谓禹名传于益，已而实令启自取之"之类的记载，便有了与过去的认识不同的崭新意义：它清晰地折射山了"有虞"和"有夏"两大部族为争夺部落联合体最高领导权而进行的尖锐斗争，昭示着"有虞"在逐渐衰落的趋势中尽

① 《孟子·万章》有"唐、虞禅，夏后殷周继，其义一也"的话。但总的来看，文献中此类将"陶唐"与夏、商、周同列为一代的记载远较"虞舜"为少。

管竭力抑制"有夏"的兴起，却终于无可奈何地败下阵来的过程。

由此而去认识《史记·五帝本纪》中排列的世系，亦不难明白：其中一些或为黄帝之孙或为黄帝曾孙的人物，其实不过是代表着一些强大的、曾经执掌过酋邦最高权力的部族。他们绝非能够实指的真实人物，在时间的跨度上也绝不可能是仅仅代表着一代人。我们前面说过的生于西部若水却居于东部帝丘的颛顼便是如此。所以，这些传说人物之间的权力继承，与唐尧、虞舜、夏禹之间的权力继承一样，都不是个人之间的权力转移，而是部族地位变更的反映。这体现出：自炎、黄时代通过激烈的大规模战争形式在中原地区建立了强大的酋邦式的部落联合体之后，酋邦内部最高领导权的交接便逐渐形成了一种比较成熟的机制，它保证了这种权力交接不必动辄采取激烈的外部冲突的形式，而能以相对和平的方式进行。这正表明了中国传统文化中政治智慧与技巧的早熟性。

唐尧和虞舜既然是分别代表着各自的部族统治的时代，我们对于文献中那些充分个人化的活动记载，便不能仅仅从个人活动或个人权力斗争的角度去探究，而应看到其后面所反映的部族势力变化的背景。由此亦不难发现：过去那种竭力拔高由"禅让"到"家天下"的意义，将其视为我国前国家时代与国家时代的分野的评价，也值得我们重新审视。因为既然如前所述，唐尧、虞舜、夏禹之间的权力继承并非个人之间的权力转移，而是部族地位变更的反映，那么，我们

48

也就无法证明世袭制是由夏禹以后才开始的。

考古发掘的资料告诉我们，至少在帝尧陶唐氏的时代，已经明确存在着"执掌大权的部落贵族""连续出现在同一氏族乃至同一家族"的现象。学者认为："除了已经实行世袭制外，很难用其他原因去解释"这些现象①。既然部落贵族已经是采取世袭制，而我们又知道陶唐氏部落掌握部落联合体最高权力长达百年之久，那么，怎么知道这些掌权百年的最高首领不是出于同一家族呢？事实上，从考古学所提供的材料看，最有可能的推测和最合理的解释是，这些最高首领恰恰应该是出于陶唐氏部落中同一个最显赫、最有势力的家族。

文献中透露的，也正是这样的信息。史载：尧年老时，"令舜摄行天子之政"，这表现有虞氏部落的势力已经赶上甚至超过了陶唐氏部落的势力。但是尧死"三年之丧毕"以后，舜却"让避丹朱于南河之南"，直到"诸侯朝觐者不之丹朱而之舜，狱讼者不之丹朱而之舜，讴歌者不讴歌丹朱而讴歌舜"时，舜说："这是天意啊！"才即位为天子。由这一记载中我们可以知道：按照当时约定俗成的继承习惯，尧死之后，**本应由丹朱继承最高首领的位置，所以舜才要"让避丹朱于南河之南"**。这恰恰说明当时已经存在着世袭制。这

---

① 详见《山西襄汾陶寺遗址发掘简报》，《考古》1980 年第 1 期；高炜：《试论陶寺遗址和陶寺龙山文化》，《华夏文明》第一集，北京大学出版社，1987；王文清：《陶寺遗存可能是陶唐氏文化遗存》，《华夏文明》第一集。

同时也说明：丹朱之所以未能继位，并不是如有的分析所说，表明了"舜挫败了尧和尧子丹朱密谋僭取的阴谋"，而是反映出当时陶唐氏部落的势力已经明显不敌有虞氏部落。所以，所谓"僭取"云云，实在是一种错误的概念运用。因为"僭取"的意义是指"非分地夺取"，如果尧和尧子丹朱真是"密谋僭取"，那么舜的"让避丹朱"就无从谈起了。

结合山西襄汾陶寺等地的考古材料看，这一结论应当是符合历史实际的[①]。

舜禹之际的情况同样是如此。

所以，尧、舜之所以被舜、禹所取代，并不在于当时尚未出现部落联合体最高首领的世袭制，而是由于陶唐氏部族和有虞氏部族在经过一段时期的统治以后，其力量已经逐渐衰弱，被后起的有虞氏和有夏氏部落赶上和超过，从而不得不让出部落联合体的最高领导权。故而尧舜禹之间的斗争其实并不如许多学者所分析的那样，是新的王权和旧的氏族制度的斗争。

笔者认为，以部落联合体的最高首领世袭来作为我国上古社会由前国家时期进入国家时期的标志，并不恰当。长期以来，不少学者曾就这一问题做过许多文章，但并不能够真正令人心服。因为现代民族学和文化人类学的研究已经告诉我们：在前国家时期的人类社会形态

---

① 陶寺的考古材料表明，当时家族之间在财富和权势方面的不平等已经非常明显，存在着"同一家族中的几辈人"连续执掌部落大权的情况。有的学者并据此而认为这类大墓的主人已经不是部落的首领或酋邦的酋长，而是早期国家的统治者。

中，首领世袭制并不是一个罕见的现象。所以单独的首领世袭制并不能成为进入国家时代的标志。就我国的情况而言，中原地区部落联合体首领的世袭制至少从陶唐氏执掌最高权力的时候便已经开始。所以，首领世袭制必须与其他因素结合在一起，才能成为正确判定前国家时期与国家时期分野的标准。具体而言，就是我们在本书第一章中论述过的，包括国家机器的相对正规化和明确的意识形态在内的五条标准。

事实上，我们之所以以夏代而非唐尧或虞舜的时代作为中国早期国家的开始，原因主要在于：尽管我们根据文献和考古的材料，可以大致推测出唐尧和虞舜的时代很可能已经实行了部落联合体最高首领的世袭制，并且在那一时期体现酋邦内部管理职能的有关机构也有明显的发展①，社会分层的现象更是十分明显，但是，就"有支持其合法统治地位的国家意识形态"而言，我们尚无法证明唐尧和虞舜时代已经明确存在。像《甘誓》和《汤誓》中所表现出的那种具有鲜明的统治阶级色彩的意识形态，在可靠的文献材料中还不能证明唐尧和虞舜时代已经具有。同时，唐尧氏和虞舜氏执掌酋邦最高领导权的时间虽然不止一代，但仍然是比较短暂的；而且在这一时期酋邦首领虽已具有很大的个人权力，却还是明显受到其他部落首领的相对制约。关于尧、舜受其他部落首领相对制约的

---

① 特别是舜的时期，这种发展尤为明显。比较完备的官僚机构的设立和刑律的制定，据说都是在虞舜时期。

情况，文献中有着清晰的痕迹。如舜任命分主司法、司空、司徒、农稷、工官、山林、秩宗、典乐、纳言等职事的官员，都是在其他部落首领"皆曰可"的形式下进行。《论语·颜渊》所说"舜有天下，选于众，举皋陶"，讲的是同样的情况。特别是，那种以相对和平的方式进行酋邦内部最高权力交接的机制显然依旧存在，并且还在起着作用。因此，我们倾向于把尧舜时代看做是酋邦社会的末期，是由前国家形态向国家形态过渡的阶段。不仅如此，我们在后面的论述中还将试图说明：不但是尧舜时代，甚至包括禹、启乃至启的儿子太康的时代，仍然属于由前国家形态向国家形态过渡的阶段。

在这一时期，中华民族的古老先民们虽然尚未进入文明时代，却即将跨入她的门槛。

3 "启继禹位"再认识

按照《史记》和《孟子》等文献的记载，舜的晚年曾经"荐禹于天，为嗣"。舜死之后，禹仿效舜的做法，"辟辟舜之子商均于阳城"。但是，由于"天下诸侯皆去商均而朝禹"，"禹于是遂即天子位，南面朝天下"。根据我们前面的分析，结合"舜逼禹"等其他文献来考虑，其后面所折射的，是"有虞"和"有夏"两大部族为争夺部落联合体最高领导权而进行的尖锐斗争，昭示着"有虞"在逐渐衰落的趋势中尽管竭力抑制"有夏"的兴起，却终于无可奈何地败下阵来的过程①。

禹在我国上古历史中，是"英雄时代"一位最伟大的英雄。传说他曾受尧之命，继父之志，治理"浩浩怀山襄陵，下民其忧"的滔滔洪水②，"劳身焦思，居外十三年，过家门不敢入。薄衣食，致孝于鬼神。卑宫室，致费于沟淢。陆行乘车，水行乘船，泥行乘橇，·山行乘檋。左准绳，右规矩，载四时，以开九州，通九道，陂九泽，度九山"。终于制服洪水，"众民乃定，万国为治"。禹也因此而"声教讫于四海"，在众部族中享有极高的威望③。

文献典籍中，关于禹的活动的记载很多。如《墨子·非攻》说："禹亲把天之瑞令，以征有苗。""禹

---

① 关于有夏氏起源的地域，较长时期以来一直是学术界争论的一个焦点，无一致意见，主要观点有夏后氏起源于山西、山东、安徽乃至四川诸说。从文献记载透露的种种迹象来看，夏族应与东夷有着密切的往来乃至姻亲关系，有的学者甚至提出夏起源于东夷的观点。究竟如何，尚有待进一步研究。

② 由保利集团从海外购回的《燹公盨》铭文，起始第一句即是"天命禹敷土随山浚川"，与《尚书·禹贡》的记载几乎全同，说明禹治水的传说至少在西周中期已经存在。

③ 关于远古时期的洪水传说，不但存在于汉民族和我国的许多少数民族的历史传说中，也广为流传在世界上其他许多地区和民族中。学者们对此有着各种不同的解释。有的认为，从地质学的研究来看，所谓"世界性的洪水"是不存在的。然而，"这种可怕的泛滥故事虽然差不多一定是虚构，但在神话的外壳下面许多可以包藏着真正的果子，这不但可能，而且是近乎真实的，那就是，它们可以包含着若干实在扰害过某些地域的洪水的记忆，但在经过民间传说的媒介的时候被扩大成世界的大灾"。详见苏秉琦译《洪水故事的起源》，《中国古史的传说时代》，文物出版社，1985，第266页。但也有学者认为大禹治水的传说反映的是曾经发生于黄河流域的真实的故事，而且对史前遗址的发掘也说明当时的人类的确曾经受到过洪水的袭击。

既已克有三苗，焉磨为山川，别物上下，卿制大极，而神民不违，天下乃静。"《国语·鲁语下》说："禹致群神于会稽之山。"《左传》哀公七年说："禹合诸侯于涂山，执玉帛者万国。"《越传》说："禹到大越，上苗山，大会计，爵有德，封有功。"（《史记·夏本纪》集解引）《山海经·海外北经》说："禹杀相柳……乃以为众帝之台。"这里所谓的"诸侯"、"万国"，除了禹所属部落联合体中的众多部落之外，还有原本并不属于禹所在部落联合体的许多其他部族邦国。他们之所以前来对禹表示服从，有的是为禹的德行所感召，有的是被禹的威势所慑服。据《国语·鲁语》记载，禹在会稽大会诸侯的时候，防风氏部落的首领迟到，就被禹杀戮。由此不难看出，禹的确具有很大的、远远超过尧、舜的个人权威。

禹虽然具有远高于尧、舜的个人权威，然而根据文献的记载，禹在继舜为部落联合体的最高首领之后，仅仅过了十年便"东巡狩，至于会稽而崩"，而绝不像尧、舜那样，动辄执政八九十年。

这种差异说明了什么呢？无它，只能说明关于禹在位的记载与尧、舜在位的记载不同，它不是神化了的传说，而是真实可信的记录。这反映出在司马迁当时看到的材料里，禹以前的情况只存在模糊的传说，而禹以后的历史则已经有了比较清晰的轮廓。

《史记》之中，关于夏、商代系的记载是十分明确的。当商代的历史由于地下甲骨文的发掘而成为信史以后，有些学者据此推测《史记》所载夏代的世系同样也是真实可信的。笔者赞同这样的认识，而且认为：尧、舜、禹在位年数的巨大差异，恰恰可以作为夏代世系可靠的有力佐证。所以，就文献中记载的上古"帝王"代系传承的真实性而言，禹是一个关键的分野。禹以前的代系传承，如黄帝传颛顼、颛顼传帝喾之类，直至尧、舜时期，每一个传说的人物其实都代表着一个部族执掌部落联合体最高权力的时代，这些时代一般来讲都不止一代人的时间。禹以后的每一位人物则都是真实的个人。从这个意义来讲，我们可以说：禹以前属于中国古史的传说时代，其主要的人物传承和活动归属都是模糊不清的；禹以后则进入基本可靠的信史时代，虽然像在位年数及传承关系等具体细节仍然不明①，但大致的轮廓已清晰可见。

　　禹作为时代分野的关键人物，古人对此早有认识，近代直至今天的学者也仍然对此不断加以强调。

　　古人的认识是禹之前的时代为"大同"社会，禹之后的时代为"小康"社会。这也就是《礼记·礼运》所说："大道之行也，天下为公。选贤与能，讲信修睦。故人不独亲其亲，不独子其子，使老有所终，壮有所用，幼有所长，矜寡孤独废疾者皆有所养。男有分，女有归。货恶其弃于地也，不必藏于己；力恶

---

① 《史记》记载的夏代王系传承多为父子关系，但实际上恐怕未必如此。此外，根据《史记》和古本《竹书纪年》的记载，夏代由禹至夏桀共传 14 代 17 王，历 471 年，则平均每代为 33 年多，这明显长于商的每代 29 年和周的每代 23 年。夏代的生产科技及生活条件应当远逊于周代，人的寿命亦相应要短于周代，故其间应当有失记的王名代次。

其不出于身也，不必为己。是故谋闭而不兴，盗窃乱贼而不作，故外户不闭，是为大同。""大道既隐，天下为家。各亲其亲，各子其子，货力为己。大人世及以为礼，城郭沟池以为固。礼义以为纪，以正君臣，以笃父子，以睦兄弟，以和夫妇，以设制度，以立田里，以贤勇知，以功为己。故谋用是作而兵由此起。禹、汤、文、武、成王、周公，由此其选也。"所以，在古人眼里，禹是作为"小康"时代的第一人而存在的。

而在近现代的学者们看来，由禹开创的夏王朝，则表明中国古代社会由前国家时代进入了国家时代，由野蛮时代进入了文明时代，具有极其重大的意义。据文献说，在禹晚年时，曾经仿照尧、舜的故事，"以天下授益"，但是"虽授益，益之佐禹日浅"，故而威望明显不足；而禹子启则在禹的长期刻意培植下，早已执掌了部落联合体的实际最高权力。其情况即如《战国策·燕策一》所说："禹授益，而以启为吏。及老，而以启为不足任天下，传之益也。启与支党攻益而夺之天下。是禹名传天下于益，其实令启自取之。"由此而开创了中国历史上的第一王朝夏代。

禹的确是我国上古历史中一个伟大的人物，是"英雄时代"一位杰出的英雄。但是，是否可以认为从禹的时代开始，我国古代社会就由前国家时代进入了国家时代？尽管这样的认识久已为人们所普遍接受，似乎已是无可争议的定论，然而只要深入思考便不难发现其中未必没有疑点。因为这一认识主要是建立在以启代禹作为"世袭制"取代"选举制"的开端的基础上的。无论是古人所说的由"大同"进入"小康"，还是现代学者所说的由前国家时代进入国家时代，其实讲的都是同一回事。但正如本章前面所分析的，我们已知在尧舜时代已经存在着部落联合体最高首领的世袭制，那么不言而喻，启代禹这一事实本身显然并不具有"家天下"的重要意义。而一旦我们抛开了这一点去认识夏初的历史，便会发现禹、启时代其实仍然属于部落联合体的时代，尽管这时已经到了部落联合体时代的末期。同时也会明白：启代禹的艰难过程本身其实并不如有的学者所说，具有"僭取"战胜"反僭取"的特殊意义，而只能反映出有夏部族的实力尚不够强大，甚至在姒姓部族之中也并不具有无争议的地位。

禹的部族本为姒姓部族中的一支。按照《史记·夏本纪》的记载，姒姓部族当时的势力很大，包括"有夏氏、有扈氏、有男氏、斟寻氏、彤城氏、褒氏、费氏、杞氏、缯氏、辛氏、冥氏、斟戈氏等，禹属于其中的有夏氏①。从文献中隐约透露的一些情况来看，我们有理由相信：有夏氏部族在姒姓部族中很可能本来并不是最强大的一个部族，或虽然曾经是最强大的部族，但后来地位有所下降。特别是鲧的被杀，暗示

---

① 司马迁从后代大一统的观念出发，故而以"分封"说解释姒姓部族，所谓"禹为姒姓，其后分封，用国为姓"，似乎这些姒姓部族都是被分封的"诸侯"。然而正如有的学者所说，这些所谓的诸侯都称为"某某氏"，恰恰说明他们并非是被"分封"，而是姒姓部族自身通过繁衍而自然生长出来的氏族组织结构。

着有夏氏和禹的家族在这场与有虞氏的斗争中曾经大伤元气。由于禹的个人威信，以及他后来继舜而成为酋邦的最高首领，有夏氏部族也随之兴盛，成为姒姓部族中迅速崛起的强支。但这种迅速崛起的"暴发"地位很可能并没有得到所有姒姓部族的认可。所以，在禹去世以后，当禹的儿子启"即天子之位"时，姒姓部族中的另一强支有扈氏便出来挑战启的地位①。于是，两个同姓强族之间便在甘地（今陕西户县西南）展开激战。据《尚书·甘誓》的记载，夏王启在与有扈氏大战于甘之前，曾经历数有扈氏的罪状，声称是"天用剿绝其命"，而自己则是"恭行天之罚"，即秉承神的意旨讨伐有扈氏②。启必须用神的意旨来对抗同姓部族的反对，恰恰说明虽然禹由于个人的巨大功绩和威望而获得代表姒姓部族出任部落联合体最高首领的权利，但是否应当由禹的家族垄断这一权利，却受到同姓的其他强宗大族的质疑。因此，我们有理由认为：启的时代仍然属于部落联合体时代的末期。

启受到有扈氏的反对是同姓部族的反对，这一点已往多被忽视（有少数学者注意到了这一点，但其解释并不正确），而这恰恰是具有关键意义的。在前国家

---

① 据《逸周书·史记解》的记载："有夏之方兴也，扈氏弱而不恭，身死国亡。"这里所谓的"弱"，应是指相对于"有夏"及其支持者而言，有扈氏的力量较弱而已。以常理度之，有扈氏倘若真的弱小不堪，是绝不敢挑战启的地位的。

② "天命"思想产生于周初，本书后面有关章节将具体阐述。《甘誓》的"天命"思想显然系经后代改动，其实质不过是指神的意旨。

时期，血缘纽带是人们社会联系的基础。在一个大的部落联合体之内，具有血缘纽带的部族一般都是关系最为密切的部族。特别是在尧舜时期，已经存在由最强大的部落中的最显赫的家族世袭部落联合体最高首领的惯例，那么何以"启即禹位"并未被异姓部族所反对，反而却受到同姓部族的激烈攻击呢？答案应当是明确的。

启受到的反对不是来自异姓部族，而是来自同姓部族，恰恰告诉我们：这场斗争的性质并非是所谓"僭取与反僭取"或"新的王权与旧的氏族制度"之争，而是由谁代表姒姓部族出任部落联合体最高首领的位置之争。有的古人认为有扈氏是"为义而亡，知义而不知宜也"（《淮南子·齐俗训》），今天也有人认为有扈氏是"逆历史潮流而动，妄图维护过时的氏族制度"，其实都不相干。

从"太康失国"到"少康中兴"

如前所述，传统社会的古人和近现代的学者之所以把夏代作为"家天下"和"国家时期"的开始，主要是由于禹以前时期史料的匮乏，使人们误以为尧舜禹之间的"禅让"是个人的行为，故有以"禹传位于子启"作为"天下为公"与"天下为家"之分野的认识。

我们在前面还讲过，自炎、黄时代通过激烈的大规模战争形式在中原地区建立了强大的酋邦式的部落联合体之后，酋邦内部最高领导权的交接便逐渐形成了一种比较成熟的机制，它保证了这种权力交接不必动辄采取激烈的外部冲突的形式，而能以相对和平的方式进行。陶唐氏与有虞氏、有虞氏与有夏氏之间的权力交接即是如此。这正表明了中国传统文化中政治智慧与技巧的早熟性。

那么，这种以相对和平的方式进行酋邦内部最高权力交接的机制，最晚持续到什么时候还在起着作用呢？从文献中隐约透露的情况来看，至少在夏启之子太康当政的时代，这种机制的残余作用还存在着。

据《史记·夏本纪》，夏启去世以后，其子太康即位。但是太康不久就丧失了政权，史称"太康失国"。这段历史，《史记》的记载语焉不详，非常简略而且蹊跷。只是简单地记载太康失国以后，其"昆弟五人，须于洛汭"，在洛水之边等待他。太康为什么失国？一点没有交代。其后的历史则是"太康崩，弟中康立"，"中康崩，子帝相立。帝相崩，子帝少康立。帝少康崩，子帝予立"。似乎是很正常的继立关系。之所以如此，是因为司马迁从大一统的正统史观出发，以夏的统治为正统，自然视"太康失国"为不正常的意外过程。但是实际上，其背后的事实变化非常复杂，而且所反映的问题也是意味深长的，恰恰说明夏初的政权仍然在一些方面具有部落联合体的性质。我们从其他文献的记载中，可以约略窥见其大致的真相。

根据《左传》、《帝王世纪》和《古文尚书·五子之歌》等文献的记载，"太康尸位以逸豫，灭其德，黎民咸贰"，结果被东夷有穷氏的后羿"自鉏迁于穷石，因夏人以代夏政"，夺取了太康的政权。

后羿究竟是怎样"因夏人以代夏政"的？由于史载不详，具体的过程只能任凭后人猜测。有的学者根据文献中记载从太康到帝相时夏都不断迁徙的事实，认为这是由于夏王朝的上层统治集团在东夷有穷氏部族的逼逐下被迫一徙再徙，但平民阶层却并未迁离故居，而是接受了有穷氏的统治。还有的学者则根据有的古书所说太康为羿所废的记载，认为有穷氏是得到夏民的拥护而夺取了夏朝政权。这些解释之中，如果所说的"平民"、"夏民"都是指有夏部族的下层族众的话，那么这样的解释究竟能否成立，我以为是大可怀疑的。因为我们都知道，夏代是族邦结构的社会，在这种结构的社会里，血缘纽带是最重要的、第一位的联系纽带，族邦或部族社会的人们倘若脱离了本族邦这一最基本的纽带，根本就无法生存。所以，上层贵族集团脱离下层族众而他迁是不可想象的事；而下层平民抛弃本部族的上层首领集团，却去接受和拥护异部族的统治，更是匪夷所思。

因此，"因夏人以代夏政"的"夏人"，绝不是指有夏部族的平民或下层族众，而只能是指以有夏氏的太康为最高首领的部落联合体中的其他部族，或者即如文化人类学所说的"递等部落"。

古人以夏朝为"家天下"之始，故而凡是夏之属民皆称夏人。所谓有穷氏"因夏人以代夏政"，暗示着中原地区最强大的部落联合体又一次以相对和平的方

式更换了其最高首领，表明当时尽管早期国家区别于
酋邦社会所应具有的一切条件——诸如明显的社会分
层、相对正规的管理机构和军队、明确的统治意识和
领土意识等等——都已具有①，但是部落联合体的残余
机制仍然又一次地起了作用。太康由于"尸位以逸豫，
灭其德"，从而引起了其他部族的强烈不满（亦即古人
从"家天下"角度去认识的"黎民咸贰"）。所谓"尸
位以逸豫"，指占着最高首领的位置，却只知吃喝玩
乐；"灭其德"，指已经不具有使其他部落服从的实力
和威望。正是在这样的情况之下，东夷有穷氏的杰出
首领后羿，以自身不断发展的部落实力为后盾，并争
取到其他部落的支持，终于取代了太康部落联合体最
高首领的位置。这一事件的真实过程很可能十分复杂，
且必然暗含着激烈的背后斗争。但从"因夏人以代夏
政"的有关记载看，至少表面的形式还是相对和平的。

然而，这次中原地区最强大的部落联合体以相对
和平的方式更换其最高首领的行为，已经是部族社会
政治功能的最后表演。当标志着早期国家产生的所有
社会条件都已具备的时候，部族社会自然便走到了历
史的尽头。

后羿取代太康登上部落联合体最高首领的位置之
后，有夏氏受到有穷氏的压迫，被逼迁离故土。史载，
禹都阳城（今河南登州）和平阳（今山西临汾，一说
今山西晋阳），又都安邑（今山西夏县）；禹子启都夏

_____

① 关于这些问题，学术界已经有不少论述，这里不再重复。

邑（今河南禹州）；启子太康都斟寻（今河南偃师二里头）。太康失国以后，夏族被迫迁走，在相和少康的时候甚至远迁到今之山东观城和济宁一带。这反映有夏氏族邦和有穷氏族邦之间的武力斗争已经非常激烈，继中康即位的夏后相就是被有穷氏所攻杀。

不但有夏氏和有穷氏之间的关系是如此，而且在有穷氏内部也持续发生激烈的武力斗争。据《左传》记载，有穷氏的首领后羿（即民间传说中那位射日的英雄）在夺取夏政之后，仗恃自己精于射术，整日优游玩乐，沉湎于田猎而不理民事，废弃贤臣，却重用伯明氏的不肖子弟寒浞，结果被寒浞网罗党羽，夺取了政权。寒浞夺权之后，派人攻灭帮助夏后相的斟灌氏和斟寻氏，并且杀掉夏后相。

这些事实说明：到了有穷氏夺取有夏氏政权以后，尧、舜、禹时代那种旧有的部落联合体最高领导权力以相对和平方式交接的机制完全被破坏，残存的部落联合体躯壳已彻底失去作用，中国上古社会开始进入以强大邦国间的武力争雄为特征的早期国家时代。

当寒浞派兵攻杀当时正居留在斟寻氏那里的夏后相的时候，相的妻子缗拖着怀孕的身子从墙洞中跑出，逃到母家有仍氏，生下儿子少康。少康长大之后，做了有仍氏的"牧正"。其后为了逃避寒浞之子浇的追杀，又逃往有虞氏。有虞氏君妻以二女，让少康到纶邑居住。少康以此为基础，收集有夏部众，并联络友好邦国，终于攻杀寒浞，攻灭有穷氏。夏作为众邦之首的地位再次得到承认，夏政权由此而复兴，史称

"少康中兴"。

关于我国上古社会从尧舜禹直至夏代初期的情况，这段历史由于文献资料的缺乏，至今还是锁在一团迷雾之中。本书的观点与时下流行的看法不同，不以夏初作为早期国家时期的开始，而把我国前国家时代与国家时代的分野定在太康失国以后，以部落联合体的主要政治功能是否丧失作为判断二者分野的依据，理由已如前述。这一观点能否成立，当然要由读者评判。

这里想要强调的一点就是：笔者之所以提出这种认识，还有希望注重历史发展的连续性和渐进性的意思。因为笔者认为，在以往，我们的历史研究总是习惯于用判定社会性质的方法去划分历史阶段。例如，将公元前475年之前视作奴隶社会，之后则视作封建社会。这种方法的弊病之一，就是使人们忽视了历史发展的连续性和渐进性；热衷于定性研究，不屑于定量分析；只关注质变性的区别，不重视量变性的差异。其结果，或则将同一性质社会的内容、状况、基本矛盾及表现皆视作同一的、稳定不变或变化不大的，或则将不同性质社会的政治、经济、思想文化诸方面皆视为处处不同。其实人类社会本是一个多线条、多层面综合渐进地发展的过程，任何一个社会都不可能由某种生产方式或社会形态单独构成，而只能大致判断以某种生产方式或社会形态为主，其间更有漫长的非此非彼的过渡时期。夏初的历史就是如此。就此而言，我们不但应当抛弃那种以某一具体年代或事件断限社会形态的形而上学的方法，而且的确需要一部不以社会形态区分而以社会的综合渐进发展为内容的通史，以纠正既往的理论模式所造成的思想方法的偏颇缺失。

"韦顾既伐，昆吾夏桀"：从夏的 灭亡看邦国联合体夏王朝的特征

从太康失国到少康中兴，经历了三代人的时间，其间充满着方国族邦间尖锐激烈的武力斗争。少康在复兴夏邦的过程中，不但依靠自身力量的恢复积聚，也有赖于友好族邦的帮助和支持。史载，当少康得到有虞氏的帮助，"有田一成，有众一旅"，积极做反攻有穷氏的准备的时候，其臣子靡又联合受到有穷氏攻击的斟灌氏和斟寻氏的残余力量，更有方夷等邦国"来宾"①，还得到有仍氏等邦国的支持，才得以攻灭有穷氏，恢复夏邦的原有地位。

少康中兴之后，到了少康之子杼在位的时候，夏以众邦之首的地位统领各邦的局面达到了鼎盛的时期。此时杼的都邑已经从原（今河南济源）迁往老丘（今河南开封县北），并向东方开拓经营。根据古书的记载，相传杼发明了甲胄和矛之类攻击力很强的长兵器，说明杼的时代是夏的武力十分强盛的时代。杼也因此获得了夏人的高度尊崇。《国语·鲁语上》说："杼能帅禹者也，夏后氏报焉。"指出杼因为能够继承禹的事业，所以受到夏人隆重的"报"祭。等到杼的儿子槐

①　据古本《竹书纪年》载："少康即位，方夷来宾。"

（又称芬）及槐子芒即位以后，夏邦的势力更进一步扩展到大海。居住在淮、泗一带的于夷、黄夷、风夷、白夷、赤夷、玄夷等九夷部族纷纷向它纳贡。古本《竹书纪年》说芒还曾经亲自"东狩于海"。

到了芒的儿子泄和泄子不降在位的时候，夏邦不但在东方巩固了地位，还进一步向西面发展，一些西方的族邦方国也向夏表示服从。至此，夏邦的国势发展到极盛。

夏王不降死后，其子孔甲即位，夏王朝开始由极盛走向衰落。相传孔甲"好方鬼神，事淫乱"。所谓"好方鬼神"，亦即过度地崇拜鬼神；"事淫乱"，亦即不按已有的规则和习惯行事。这使夏邦的国力衰弱，威信下降，原来服从和拥戴夏王朝的族邦方国纷纷叛离。这也就是文献所说的"夏后氏德衰，诸侯畔之"[1]。

从文献记载和考古发掘的材料来看，夏王朝统治的中心区域亦即夏邦自身的主要活动范围，是在今之河南西部的中岳嵩山及伊、洛、颍、汝四水流域一带。夏都虽然屡迁，但是除了与有穷氏武力争斗的特殊时期以外，其范围大抵不离这一区域。考古发掘的河南偃师二里头遗址，一般认为是夏代晚期的都邑所在，其文化堆积层普遍厚达 3～4 米，历时达 400 年左右。再联系文献所说夏王朝建立之始即有"后稷"之官，这些都说明夏人是一个以务农为主的族邦，农业生产

---

[1] 《史记·夏本纪》。

在其经济生活中占有重要的位置。因为农业生产开辟
熟土不易，故农业部族不似游牧部族可以随便迁移远
徙，完全"逐水草而居"；除非遇到不可抗力的作用，
一般只能是一地居住过久、地力将尽时，才迁移至附
近居住，待原居地地力恢复再回迁。这种以农业为主
的经济生产方式，决定了夏人是一个具有"实用理性"
文化特征的古代民族，而凡是具有这种文化特征的民
族都不喜欢过度崇拜鬼神。我们在后面对周人历史的
叙述中，将会看到十分相似的现象。

了解了夏人经济与文化生活的特性，我们就不难
理解何以孔甲"好方鬼神，事淫乱"会导致国力的衰
弱。《左传》说孔甲"抚于有帝，帝赐之乘龙"，即由
于孔甲对天神恭顺而获得了天神的欢心。殊不知这恰
恰是农业社会为君者的大忌。因为凡是过度重视鬼神
者，必然轻视人事和民心。《国语·周语》说"孔甲乱
夏，四世而陨"，直接把夏亡的责任归罪于孔甲，讲的
就是这个意思。

夏的国力衰弱以后，原来服从和拥戴夏邦的一些
方国就纷纷叛离而去了。《史记·夏本纪》叙述陶唐
氏的后代御龙氏，在孔甲时代由于所豢养的龙死去，
"惧而迁去"。这看来像是在讲神话故事，实际上却是
曲折地反映了当时一些方国族邦疏远和叛离夏王朝的
情况。

孔甲去世以后，其子皋、孙发相继即位。这时的
夏邦虽然国势衰落，但余威犹存。据古本《竹书纪年》
说，当发即位时，曾有一些东夷部落"宾于王门，献

其乐舞"①，说明夏朝在那时仍然居于众邦之首的地位。

发死，其子履癸即位。履癸名桀，这位使夏王朝归于毁灭的亡国之君，也就是我国历史上著名的暴君夏桀。据《史记·律书》的记载，夏桀勇武过人，能够"手搏豺狼，足追四马"。也许正因为如此，夏桀酷爱使用武力。《夏本纪》称他"不务德而武伤百姓，百姓弗堪"。这里的"百姓"并非是指平民，而是指诸侯贵族。他用武力征伐来镇压和恐吓一切不服从或不合自己心意的族邦方国，这使自孔甲以来就存在的"诸侯多叛夏"的离心趋势更加恶化了。文献史籍中关于夏桀讨伐诸侯的记载很多。如《国语·晋语》说夏桀讨伐喜姓之国的有施氏，有施氏送上美女妹喜，才得以免祸。古本《竹书纪年》说夏桀征伐岷山氏，岷山氏奉献名琬和琰的两名美女，才未被灭国。根据《左传》定公四年的记载，夏桀为了扬威于诸侯，曾经"为仍之会"。帝舜的后裔有缗氏不服从桀，桀就将其攻灭。《国语·鲁语》曾列举了一批被夏桀所攻灭的方国名称，说明当时诸侯叛离的倾向已经十分明显。

夏桀一方面以武力侵凌"诸侯"即从属于他的其他邦国部族，另一方面对夏部族自己的人民即"夏人"也施行残暴的统治。据《尚书》记载，后来的周统治者在总结夏代灭亡的教训时，曾经指出夏桀"不肯慼言于民，乃大淫昏"，"不克开于民之丽，乃大降罚"，

---

① 一说《竹书纪年》的记载为"诸夷宾于王门，诸夷入舞"，《后汉书·东夷传》注引。

"桀德乃弗作往任，是惟暴德"。《史记》说夏桀"虐政荒淫"。古本《竹书纪年》说"夏桀作倾宫、瑶台，殚百姓之财"，大臣关龙逢劝谏，反被夏桀杀掉。这些暴行逆施引起夏人的强烈不满，连一些贵族大臣也纷纷逃亡。《尚书·汤誓》记载商汤征伐夏桀的誓师语，谓："有夏多罪，天命殛之！""夏王率遏众力，率割夏邑，有众率怠弗协，曰：时日曷丧，予及汝皆亡！"夏之族众对于夏桀已经是"率怠弗协"，说明夏统治者与人民的离心离德已经到了十分严重的程度。

当夏统治者处于诸侯离心、民众离德的情况之中的时候，起源于东北方、至夏末已长期居住于冀南豫北一带的子姓有娀氏族邦——商，却正在迅速兴起。史载，"汤修德，诸侯皆归汤"，说明夏王朝已经逐渐失去作为众邦之首的地位。夏桀在当时显然已经感到了这个日益兴盛的邦国的威胁，曾经将商族的君长成汤囚禁于夏台，后来又释放了，但是夏商之间的矛盾冲突却越来越激化。

商汤为了剪灭夏邦，取而代之，很长时期以来便做了充分的准备。据说他曾费了很多的心机求取到有莘氏的贤人伊尹，并因而得以与有莘氏结盟，力量因而大增。商汤以此为基础，进而广泛争取到许多族邦的支持，开始将灭夏的计划付诸实施。

由于当时夏桀虽然失去了很多诸侯的支持，却仍然有一些强大的族邦奉夏邦为首，所以商人要与夏争夺天下，就必须首先攻取夏的与国。商汤为此而进行了一系列的战争。《孟子·滕文公》记载："汤始征，自葛载。十一征而无敌于天下。"说商汤剪灭夏邦羽翼的战争首先是拿靠近商邑的葛开刀的。而征葛的理由也很有意思，据《史记·夏本纪》记载，是因为"葛伯不祀"，所以"汤始伐之"，即以葛伯不敬祀神灵为由而讨伐他。这个理由显然只是一个借口，但我们从中却不难窥见商人的民族精神和文化特质的若干特点。据说汤的举动受到了众邦的热烈欢迎："东面而征西夷怨，南面而征北狄怨，曰：奚为后我？民之望之，若大旱之望雨也。"这样的描述或许有夸张之处，但商汤与夏邦的斗争得到了众多邦国广泛的支持则应无疑问。否则单凭商人一邦之力，其灭夏的战争绝不可能进行得如此顺利。

关于成汤灭夏的具体过程，《诗经·商颂·长发》有生动的描写：

> 武王载旆，有虔秉钺。如火烈烈，则莫我敢曷。苞有三蘖，莫遂莫达，九有有截。韦顾既伐，昆吾夏桀。

诗中所说的"三蘖"，是指当时仍然支持夏桀的三个主要邦国韦、顾和昆吾，文献称之为"夏伯"。据学者考证，韦、顾都位于成汤从当时商邦的都邑北亳、南亳出发伐桀的必经之路上，它们是商汤灭夏必须首先除掉的障碍。昆吾之居初在今河南濮阳，夏末迁于今许昌一带。依《诗经》所说的次序"韦顾既伐，昆吾夏桀"，应是昆吾先于夏桀被灭，故商汤的进军路线应当是在消灭韦、顾之后，"率军向南至旧许灭昆吾，然后沿今颍河过嵩山下至伊洛"①。

葛、韦、顾、昆吾等夏邦的羽翼被剪除之后，大约在公元前16世纪时，成汤率诸侯之师深入夏邦的腹地，向夏人发动最后的进攻。双方在有娀之墟大战，夏桀战败，逃往鸣条。商汤率师追至，再次大战，桀复败，又逃往一个仍然支持他的方国三㚇。商师穷追不舍，"遂伐三㚇，俘其宝玉"，连三㚇也攻灭了。

相传夏商双方在鸣条大战之前，商汤曾于战前誓师，这就是《尚书》中有名的《汤誓》：

> 格尔众庶，悉听朕言。非台小子，敢行称乱。有夏多罪，天命殛之。今尔有众，汝曰：我后不恤我众，舍我穑事而割正夏。予惟闻汝众言。夏氏有罪，予畏上帝，不敢不正。今汝其曰：夏罪其如台？夏王率遏众力，率割夏邑，有众率怠弗协，曰：时日曷丧，予及汝皆亡！夏德若兹，今朕必往。尔尚辅予一人，致天之罚，予其大赉汝。尔无不信，朕不食言。尔不从誓言，予则孥戮汝，罔有攸赦。

但是若从《汤誓》的内容看，这应当不是鸣条大战之

---

① 详晁福林著《夏商西周的社会变迁》，北京师范大学出版社，1996。

前的誓师辞，而只可能是商汤在起兵之前的动员令。所谓"我后不恤我众，舍我穑事而割正夏"，显然是商之族众不愿随汤伐夏的抱怨语；而"尔尚辅予一人，致天之罚，予其大赉汝。尔无不信，朕不食言。尔不从誓言，予则孥戮汝，罔有攸赦"，则是商汤劝诱和胁迫商人听从他的命令的话，这些话只能是在起兵之前讲的。由于夏邦久居众邦之首的地位，当时商之部众感觉伐夏之举吉凶难料，前途未卜，故而疑虑重重。而在鸣条大战之前则既无必要也不可能说这样的话了。因为到了鸣条大战的时候，商人已经先此于有娀之墟大胜夏人，正在士气旺盛之时，倘若阵前誓师，当会另有一番鼓舞人心的说辞，至少要重申一下有娀之墟的胜利，何用商汤如此威胁利诱？这显然是不合情理的。

夏桀又败于三㚇之后，已经失去了与商师对抗的能力。作为败亡之邦的有夏之族众因此而分裂为数支：一支随夏桀往南方逃窜，据《史记·律书》正义引《淮南子》说："汤伐桀，放之历山，与末喜同舟浮江，奔南巢之山而死。""与末喜同舟浮江"一句，足以令后人浮想联翩。看来这位亡国之君虽然身死国灭，其结局并不美妙，却始终带有几分风流君主的味道①。

————————

① 根据文献的记载，末喜氏应是夏桀的"元妃"，她与夏桀的关系似乎相当错综复杂。古本《竹书纪年》说桀伐岷山氏，岷山氏降服，送名琬和琰的两位美女以求和，深为桀所嬖爱，桀因而"弃其元妃于洛，曰末喜氏。末喜氏以与伊尹交，遂以间夏"，似乎末喜氏还当过内奸一类的角色。但是当夏桀失败以后，末喜氏却又随之逃亡，估计二人又重新和好。看来夏桀与后来的商纣王、隋炀帝一样，是位对女人非常多情的暴君。

所谓"放之历山",似乎是商汤将之放逐,其实这也是司马迁用后代大一统的史观去解释三代的历史。夏代之时地广人稀,战争中失败的族邦逃往人烟稀少或未被开发的蛮荒之地,本是顺理成章的事,与我们前面所说的"舜逐四凶"应属同样的性质。由于夏桀已经失尽人心,估计随他逃往南方的只有少数亲信死党,所以这一支夏人的最终命运后来就湮没无闻了。

另一支人数较多的夏人跟随桀的儿子獯粥向北方逃跑。据学者研究,商代的"土方"就是北迁的夏人,说明到了公元前 15 世纪和前 14 世纪,夏在北方还是一个强大的方国,与商人经常处于对抗之中,故而常见于卜辞。直到武丁以后被打败,卜辞中的土方才逐渐少见。

与夏人一同向北方逃窜的还有夏的与国昆吾的余部,这就是商代所说的"鬼方"。在商代,它与土方一样,在很多时候都是商的敌国。

又据《史记·匈奴列传》:"匈奴,其先祖夏后氏之苗裔也。"《索隐》引乐产《括地谱》的话:"夏桀无道,汤放之鸣条,三年而死。其子獯粥妻桀之妻妾,避居北野,随畜移徙,中国谓之匈奴。"据有的学者研究,这些北迁的夏遗民中的一部分人由于受到商人的压迫或其他原因,不断地向北方迁移,到达今之俄罗斯境内的叶尼塞河流域,与当地欧罗巴种的安德罗诺沃人混居融合,其后又在战国末年南下到漠南阴山地区,这就是史籍所记载的匈奴。当然,这仅仅是一种看法。历史的真实情况究竟如何,尚有待于今后考古学与历史学研究的进一步发展。但是从文献的大量有关记载来看，匈奴与夏遗民之间存在某种密切的关系，应当是可以肯定的。

还有一部分夏人则留居在夏邑原地，对新兴的商人表示服从。成汤灭夏之后，本想把这些夏人迁走，这也就是《史记》记载的"汤既胜夏，欲迁其社"，却因其他诸侯的反对而不得不打消了这一想法。文献所说"封夏之后"，实际就是让表示服从的夏人继续居住生活在他们的故居。

至此，我国传统所说的第一个王朝——夏，就被新崛起的商王朝取代了。夏作为众邦之首的地位，前后持续了约四百年的时间，这种情况在中国历史上还是第一次。在此之前，从未有任何一个家族在如此广阔的地域内维持它对一个庞大的政治实体的统治达到这么久。诚如学者所说，在我国历史上，"这标志着由中原酋邦向国家的转化作为一个历史进程已不可逆转"①。

夏代作为我国历史上第一个进入文明时代的王朝，一方面已经具有构成早期国家要素的一切必须具备的条件，表现出明显的"原生型"早期国家进程的特征，本书第一章已对此作过论述；另一方面则同样明显地在政治制度、社会组织等方面表现出国家形态的原始性和不成熟性，反映出前国家社会的传统仍然在顽固地发挥着作用。这种原始性和不成熟性至少体现在如

---

① 见谢维扬《中国早期国家》，第329页。

下方面。

其一，根据文献的记载，夏代的族邦国家均以"氏"相称，如我们熟知的有扈氏、有仍氏、斟寻氏等等，夏王朝自己也称"有夏氏"或"夏后氏"。《孟子》说："夏后氏五十而贡，殷人七十而助，周人百亩而彻。"以夏、商、周三代制度相比较，而独称夏为"氏"。这说明，夏代虽然已有领土意识，但血缘因素实居于最优先的地位。与同属于早期国家时代、同样具有血缘与地缘相结合特征的商王朝相比，商之邦国皆称"方"，而称"氏"者则属于方国之内的宗族或家族组织。这说明由夏代发展到商代，地缘因素已超越血缘因素而居于最优先的位置。这恰恰从反面衬托出夏代国家形态的原始性。

其二，后代称夏代为王朝，实则有夏氏不过是当时"天下万邦"中最强大的一邦，它与其他众多族邦的关系往往随彼此间力量对比的变化而变化。当夏后氏自身强大且善待众邦时，众邦便来依附，这就是史书所说的"诸侯咸朝"；而当夏后氏力量衰减且与众邦关系恶劣，或另有新的力量强大且善于笼络众邦的族邦兴起时，众邦便纷纷与之脱离关系，这就是史书所说的"夏后氏德衰，诸侯畔之"、"汤修德，诸侯皆归之"。先前依附夏后氏后来又"惧而迁去"的御龙氏，与夏邦的关系即是如此。

夏后氏作为众邦之首，自然要求其他众邦对它表示服从，众邦对夏也要承担诸如交纳一定的贡物等义务。但是，这种要求主要是以夏后氏自身武力的强大为后盾的，不见得具有以血缘、宗法、文化乃至契约制度为基础的稳定的关系纽带。惟其如此，其他众邦才会有时"咸朝"，有时"畔之"。所以，夏虽然被后代史家称为"王朝"，其实不但与秦汉以后的中央集权制大一统王朝绝不相同，也有别于以宗法分封为基础的周王朝。

有学者根据史书所说"其后分封"、"为夏方伯"一类的记载，认为夏王朝确有分封诸侯的权力，其实此类记载显然是后代的史家从大一统观念出发所作的错误论述。如前所述，即以所谓"分封"的姒姓诸侯来看，包括有扈氏、有男氏、斟寻氏、彤城氏、褒氏、费氏等等，显然它们都是通过自身繁衍而自然生长出来的氏族组织结构。《史记·秦本纪》说："秦之先为嬴姓，其后分封，以国为姓，有徐氏、郯氏、莒氏、终黎氏、运奄氏、菟裘氏、将梁氏、黄氏、将氏、修鱼氏、白冥氏、蜚廉氏、秦氏。"这些所谓分封之国，同样是通过自身繁衍而自然生长出来的氏族组织结构，因为秦不实行分封是人所共知的事。夏后氏在当时众邦中的地位，正如王国维所说是"诸侯之长"，而非"诸侯之君"。我们从《诗经》"韦顾既伐，昆吾夏桀"将韦、顾、昆吾与夏邦并论，便不难看出它确实不具有"诸侯之君"的地位。

还有学者根据史书中夏启作"钧台之享"和夏桀作"仍之会"，以及一些诸侯"来宾"、"来御"于夏都的记载，便断言这说明夏代的地方侯伯必须随时应夏王之召参加盟会和定期觐见夏王，说明夏代的众邦具有"诸侯之天子为述职"的义务，这其实也是一种误论。文献中有关诸侯朝夏的记载并不很多，多见于古本《竹书纪年》，有"少康即位，方夷来宾"、夏后相七年"于夷来宾"、夏后芬三年"九夷来宾"、夏后发时"诸夷宾于王门"之类，这些多为反映夏邦接纳诸夷归顺的事实。当然，与夏后氏关系密切的邦国首领不时晋见夏王的事情自然也有，但我们从中实难看出当时存在诸侯"定期觐见夏王"的制度。至于夏桀"为仍之会"之类大会诸侯的举动更是十分罕有，而记载此事的《左传》对此的态度显然是不赞成的，将它看做是不必要的炫耀武力之举，认为其结果不但未能示强于诸侯，反而招致"有缗叛之"。

所以，要而言之，所谓的夏王朝，不过是一个以夏后氏的军事力量为支柱的、松散的、政治性的、以夏为首领的不平等邦国联盟。这是它与以血缘宗法纽带为基础的周王朝的根本不同之处。

其三，《逸周书·度邑》言："自雒汭延于伊汭，居易无固，其有夏之居。"《左传》定公四年记载周初成王封唐叔于晋，言"封于夏墟，启以夏政"。《史记·孙子吴起列传》记吴起的话："……夏桀之居，左河济，右泰华，伊阙在其南，羊肠在其北。"综合文献及考古资料来看，夏后氏的主要统治区域当在今豫西之伊、洛、汝、颍四水流域及晋南之地。虽然号称奄有九州，其实范围相当狭小。而在这样一个相当狭小的范围内却分布着数量众多的族邦。《淮南子·修务训》说："（禹）治平水土，定千八百国。"《左传》哀公七年说："禹合诸侯于涂山，执玉帛者万国。"可知当时一国之规模很小。据学者研究，河南偃师二里头夏代后期王邑约有 3 万人口，这应是当时最大的都邑，一般族邦城邑的规模当远逊于此。现代考古学与人类学的研究已经证明：国家形态的发展与都邑规模及人口密度、人口数量均有十分密切的关系。夏代时期统治区域与城邑规模的相对狭小，正表明夏代的国家尚处于比较早期和原始的状态。

其四，文献记载夏代已有车正、水官、"天地之官"等职官，不过总的来看这些机构和部门并不复杂。有些职官是所谓"世职"，固定由某些族邦的首领世袭。如主管历法的"天地之官"羲仲、和叔，便来自羲、和两个方国。史载中康时期，"羲、和湎淫，废时乱日"，大概是耽于淫乐，不向夏邦报告历日时序的变化了，结果中康命胤国之君前往征讨①。这说明当时的国家机器尚较原始。

夏代的军队亦由兼具农夫身份的自由民组成，这就是《国语·周语》引《夏书》所说"众非元后何戴，后非众无以守邦"。这些作为被统治者的"众"，同时又具有身负"守邦"之责的战士的身份，亦即《墨子·明鬼》引《禹誓》所说"今予与有扈氏争一日之命，且尔卿大夫庶人，予非尔田野葆土之欲也，予恭行天之伐也"。这表明夏王朝仍然具有氏族社会的某些特点。从上述记载来看，这些既是战士亦为农夫

---

① 《史记·夏本纪》及集解。

的"众"和"庶人"，显然是夏代具有自由民身份的主要劳动者、生产者。所以，把夏代定位为所谓"奴隶制社会"是不正确的。实际上，中国历史上虽然长期存在着奴隶，却从来不曾有过以奴隶为社会生产的主要承担者的奴隶社会。这一观点已被我国史学界大多数学者所认可。而中国古代社会特别是"三代"时期的社会所具有的家国同构、血缘纽带始终强固的鲜明特点，使奴隶制度难于发展，也逐渐成为越来越多的史学工作者的共识。

所以，中国历史上不存在奴隶制社会，夏代不是奴隶制社会，应当是没有疑问的。

"商都屡迁"：农牧业混合
经济的文化特征

成汤灭夏之后，中国历史便进入三代时期的第二个王朝——商王朝时代。如果说，夏代的历史由于年代湮远，史料缺乏，特别是，由于至今尚未发现夏代的文字，所以虽然近几十年来因得助于不断发掘的考古新材料，却始终只能大略窥知那一时期的政治、经济发展的一般状况的话，那么商代的情况由于近百年来甲骨文的发现和甲骨学研究的飞速进步，我们对于当时的经济基础、上层建筑和历史演进脉络，现在均已有了比较系统和清晰的了解。

传说中的殷人始祖名契。《诗经·商颂·玄鸟》说："天命玄鸟，降而生商。"这也就是《史记·殷本纪》所说："殷契，母曰简狄，有娀氏之女，为帝喾次妃。三人行浴，见玄鸟堕其卵，简狄取吞之，因孕生契。"但是谯周在《索隐》中已经指出："契生尧代，舜始举之，必非喾子。"所以实际上契的父亲是个未知的人物。殷之先公先王的世系，自契以后就十分清晰，且能与甲骨文的记录相印证，但契以上的世系却是混沌一片。所以不少学者都认为："简狄吞玄鸟卵而生契"的传说，暗示着殷契是个"知其母而不知其父"的人物，反映了殷契以前殷人处于母系氏族社会的史实，玄鸟则是殷人的氏族图腾①。

这种认识虽然看来不无道理，但它却与其他一些史料和考古材料明显相抵牾。一方面，文献资料告诉我们：早在炎、黄及其以后的时代，已经存在大规模的部落战争和部落联合体组织，并出现了炎帝、黄帝、蚩尤、共工、太昊、少昊等代表部落的领袖人物名称。根据马克思的观点："很有可能在世系过渡到按男性计算以后或还早一些，动物的名称就不再用来标志氏族，而为个人的名字所取代。"② 这说明早在炎、黄时代已经是父系氏族时代，至少应当处于由母系到父系氏族的过渡阶段。同时另一方面，文献记载又明确无误地告诉我们：契是尧舜时代殷商部落的代表人物，远在

---

① 持"殷人自契以后始进入父系氏族社会"观点的学者颇多，老一代学者如郭沫若、翦伯赞、王玉哲、张传玺、金景芳诸位先生，均主此说；当代中老年学者如王宇信等亦持此说。

② 马克思：《摩尔根〈古代社会〉一书摘要》，人民出版社，1965，第227页。

炎黄时代之后。《尚书·尧典》云："帝（舜）曰：契，百姓不亲，五品不逊，汝作司徒，敬敷五教，在宽。"说殷契曾在以舜为最高首领的部落联合体中担任掌管教化的司徒之官。其他如《史记·殷本纪》言"契长而佐禹治水有功"，《孟子·滕文公》言"舜……使契为司徒"，意思相同，都是说殷契是尧舜时期的人物。如前所述，舜的时期不但久已进入父系社会，而且已经是父系社会的后期，有的学者更认为已经进入文明时代。由此看来，所谓契是由母系氏族向父系氏族转变时期的代表人物、是商族进入父系氏族社会时期的第一位领袖的观点，恐怕是不能成立的。

实际上，所谓"简狄吞玄鸟卵而生契"的传说，不过是商族有关本民族起源的一种神话故事，这类神话故事在许多民族的历史中都存在。例如根据《诗经·大雅·生民》和《史记·周本纪》的说法，周人的始祖弃是其母姜嫄在野外踩了巨人的足迹怀孕而生。而弃与殷契属于同一时期，是尧舜时代的周部族的代表，曾经在以舜为最高首领的部落联合体中担任过主理农事、"播时百谷"的"后稷"之官。所以周弃与殷契一样，都是氏族社会晚期或文明时代早期的人物，而绝不可能是由母系氏族社会进入父系氏族社会的第一位领袖。

20 世纪 20 年代以后，由于马克思主义和文化人类学理论的传入，关于原始社会母系氏族的认识开始为我国的史学工作者所了解和接受，许多老一辈的史学家尝试从这一新的角度去解释中国历史文献中诸多"知其母而不知其父"的传说故事，由此而形成了上述的观点。但是实际上，作为"始祖"的人物，其诞生具有非凡"神迹"的故事，在很多民族的历史传说中都是存在的，其背后具有祖先崇拜、心理认同、加强本民族内聚力的需要等多重意义。所以对于此类传说故事，我们只能采取"具体情况具体分析"的方法，在全面掌握文献与考古资料的基础上综合分析，实不宜简单划一地单纯从"父系"、"母系"的角度去理解，否则我们所阐释的历史便是自相矛盾的了。试想，殷契、周弃既是处于文明时代前夜的尧、舜部落联合体中的"司徒"和"农官"，同时又是商部族和周部族由母系氏族社会"进入父系氏族社会的第一代首领"，这岂不是匪夷所思？

按照《史记·殷本纪》的记载，由始祖殷契至灭夏的成汤，共经历了 14 代："契卒，子昭明立。昭明卒，子相土立。相土卒，子昌若立。昌若卒，子曹圉立。曹圉卒，子冥立。冥卒，子振立。振卒，子微立。微卒，子报丁立。报丁卒，子报乙立。报乙卒，子报丙立。报丙卒，子主壬立。主壬卒，子主癸立。主癸卒，子天乙立，是为成汤。"殷人代夏以前亦即成汤以前的历代祖先，被称为殷之"先公"。其中的"振"就是《周易》中所说"丧牛于易"的王亥，"微"在甲骨文中则称为"上甲"。从近代以来发现的甲骨卜辞材料看，《史记》所记的殷先公世系基本上是准确的，只有"报丁"的位置不是在"微"之后，而应是在"报丙"之后。

从《史记·殷本纪》的记载看，殷之先公似乎一律是父子相传。这其实是绝不可能的。因为我们都知道，直到成汤代夏以后，"兄终弟及"仍然是殷人继嗣制度的一个重要原则；及至盘庚迁殷后，才逐渐演变为单纯的"父死子继"。《史记》记叙西周以前的历史；凡是简单地以"某某卒，子某某立"的形式记录若干世代的世系嬗递的，往往表明司马迁对于那段历史的具体情况并无确切的了解，故简单地以后代大一统王朝的继承制度去想象定位。

关于殷人的起源及早期活动地域，学术界长期以来一直有不同的看法，其歧见之大远远超过对于夏族起源的认识。概而论之，大体有东方说、西方说和北方说。具体来讲，则又可细分为陕西商洛说、冀南豫北说、山西南部说、辽西冀东北说、豫东鲁西皖北说诸种观点。从前面的有关论述我们可以看出，夏代的历史在商代之前，无论是文献资料还是出土材料均远逊于商代。但是，夏人的起源及活动地域似乎反而比商人要清晰得多。这实在是一个饶有趣味的现象！何以如此？笔者认为，这恰恰反映了商文化有异于夏文化与周文化的独有特征。

就个人的观点而言，笔者现在比较倾向于赞同商人最初发祥于今辽西、冀东北一带的观点。商部族最早居住于此，到契的时代渐次有南移的迹象。正如有的学者所推测的，在契的后期商族可能已经从辽西、冀东北一带移居于冀东和冀中平原。"当时的黄河从渤海入海，所以商族实已居于黄河下游。"① 之后更进一

---

① 详晁福林《夏商西周的社会变迁》，北京师范大学出版社，1996，第71页。

步向南方发展。根据考古学者的研究，山东西部菏泽一带下启龙山文化、上承早商文化的岳石文化，其中有些因素与漳河型先商文化极其相似甚至相同，这说明在岳石文化时期商部族的活动已经到达鲁西地区①。

按照文献的记载，商族在先商时期曾经频繁地迁徙。《尚书序》说："自契至于成汤八迁。汤始居亳，从先王居。"王国维爬梳《左传》、《世本》、《尚书序》、今本《竹书纪年》等古籍，将"八迁"归纳如下：①契自亳迁蕃；②昭明迁砥石；③昭明迁商；④相土迁商丘；⑤相土迁泰山，旋复归商丘；⑥商侯迁殷；⑦殷侯迁商丘；⑧汤始居亳。这些地名之中，有些究竟在今之何处，目前学术界尚无一致意见。例如"砥石"之地，有的学者就猜测是在内蒙古亦峰市克什克腾旗境内白岔山的辽水发源处。但是，先商时期的商部族曾经频繁迁徙且范围颇广，则应无疑问。这恰恰体现了商部族所具有的农牧业混合经济形态的文化特征。

商人发源于辽、冀，其后辗转迁徙至鲁西地区。当时我国适处于"仰韶温暖期"，这些地区气候温暖，林草茂密，鸟兽繁生。商部族生活在这样的自然环境之中，狩猎及放牧在其经济生活中自然占有重要的地位。这种艰苦、危险而不安定的谋生方式，养成了商

---

① 商人以玄鸟为图腾，与生活于今之山东地区的古东夷民族信仰相似，说明二者之间存在着密切关系。所以过去学者多认为商人源于东夷部族的玄鸟氏。但是考古发现表明先商文化与东夷文化虽然颇多相似之处，但也存在区别，故商人究竟是否与东夷同源尚有待进一步研究。然而不管怎样，这至少证明从很早的时期起商部族已经活动于今之山东地区。

人勇悍坚韧、好斗尚武的民族性格，并在长期的历史中逐渐形成传统而代代传承。一方面，商人之所以在其后的漫长岁月中能够始终保持最强大的武力地位，与这种养成其民族性格的经济形态与生产生活方式实有密切的关系；另一方面，这使商部族即使在后来由于生产力的发展而使农业活动成为其经济基础的主项之后，仍然保持着对于狩猎和畜牧的酷爱，从而使殷商文化始终散发着浓烈的农牧业混合文明的气息。

根据当代学者的研究，早在成汤灭夏之前，农业已经是商人的主要生产部门。前引《尚书·汤誓》记载商族部众埋怨成汤决心起兵伐夏的话："我后不恤我众，舍我穑事而割正夏。"意思是说：我们的王太不体恤我们了，让我们舍弃种庄稼的事而去征伐夏国。说明农业在当时的确具有十分重要的地位。成汤灭夏以后，商人的农业更进一步向精耕农业发展。特别是盘庚迁殷以后，无论是土地的翻耕、作物的种植，还是田间的管理，都已非常细致，说明农业生产已是其经济活动的基础和支柱①。但是另一方面，畜牧经济与狩猎经济始终是殷人生活中的一个重要方面并对其制度与文化有着显著的影响和制约作用，这也是殷商社会的一个鲜明特征。

关于对商代的经济形态究竟应当如何评价这一问题，现代的学术界经历了一个变化颇大的认识过程。

---

① 有关商代农业状况，请看彭邦炯著《甲骨文农业资料考辨与研究》，吉林文史出版社，1997。

前辈学者如郭沫若、傅筑夫、张政烺、王玉哲诸位先生，曾经根据先商时期的"八迁"和成汤代夏以后至盘庚迁殷以前的"五迁"，推断先商及早商社会尚处于由渔猎畜牧经济阶段往农业定居经济阶段过渡的时期。从当代甲骨文研究的成果来看，这样的评价也许低估了殷人的发展水平。现代最新的研究成果已经纠正了这一偏失，但是同时似乎又走向了另一个极端，即忽视了殷人早期的经济形态所形成的文化传统与文明特征对于殷商社会其后历史发展的影响和制约作用，忽视了殷商文化所具有的极其鲜明的农牧业混合文明的特征，而单纯强调了殷代社会农业文明的性质。

关于整个殷商时期畜牧业的发达以及狩猎活动在社会经济生活中的重要作用，文献典籍、甲骨卜辞以及考古实物中有着大量的记载和证据。我们从文献中记载的"相土作乘马"（《世本·作篇》）、殷契的五世孙名"圉"（《左传》杜预注："养马曰圉"），《周易》卦辞、《楚辞·天问》、《山海经》中均有记载的殷先公"王亥服牛"、"丧牛于易"等史实，甲骨卜辞中大量的"用牲"记录（如《甲骨文合集》22274片记载祭祀"兄丁"时，一次就宰杀600头牛）和田猎记录（如多处记载一次狩猎便获鹿数百头、野猪数十头），以及考古发现商代遗址中大量的兽骨，都不难清楚地了解当时畜牧与狩猎经济的规模。对于我们来说，重要的是这种畜牧与狩猎活动所反映的农牧业混合文明特征作用于政治和社会生活的后果。

例如我们前面说过的，先商时期，商族不断迁徙。

根据《史记·殷本纪》的记载，从商族的始祖契，到第 14 代首领成汤，商人曾在今黄河下游的河南、山东一带频繁迁徙达八次之多，平均不足两代便迁徙一次。成汤建国以后，国都建在西亳（今河南偃师商城），相对稳定了一段时期。到中期的仲丁以后，又开始频繁迁都，五代十世之间迁都五次。直到盘庚迁殷以后的晚商时期，商都才最后确定下来。

不但商都屡迁，而且与夏人在小范围内迁都不同的是，商人的迁都之举往往是远离故地。例如相土时期的两次迁居，直线距离即达二三百公里。殷都屡迁，原因自非一种，学术界曾有过热烈讨论。但其重要的原因之一，显然与殷人具有较多畜牧成分的生产方式有着重要关系。而晚商以后的国都稳定，也折射出由于农业的不断发展进步，其牧业文明的文化特征不断淡化的变化趋势。

史载，先商时期，殷契及其后代昭明、相土、昌若、曹圉直至冥，世世代代都是"为夏司空"。《国语·鲁语》说"冥勤其官而水死"。从这些记载来看，以前面所说"羲、和湎淫，废时乱日"，结果中康命胤国之君前往征讨的史事类推，似乎夏、商之间存在着相当密切的关系，商部族的活动范围应当距离夏都不太遥远。但是倘若结合《诗经·商颂·长发》所说"相土烈烈，海外有截"之类的文献资料看，则商部族的活动范围已经远及我国的东部海疆。所谓"海外有截"之"截"究竟是何意，无法确定，然而结合"相土烈烈"来看，这两句诗无疑是在歌颂相土于"海外"建立的伟大功绩。这说明在先商时期，商部族曾经迁徙到东部海滨一带。可是到了冥的儿子王亥的时候，商部族却又活动于今之河北易水流域，并发生了"王亥托于有易"，"有易杀王亥"的事①。由此不难察知，先商时期的商部族的确有着不常其处、经常迁徙且跨度颇大的特点。这种生活方式甚至在商人立国以后仍然在很大程度上保持着。例如盘庚迁殷以后，"民不适有居"，对于迁殷之举颇有怨言，盘庚教训他们说："先王有服：恪遵天命，兹犹不常宁，不常厥邑。"意为："按照先王的制度，必须恭敬地顺从天命，因此不可长久地居住在一个地方。"何以会有这样独特的制度？原因无它，即在于殷人生产与生活方式的需求。

再如，商代的王位继承制度，特别是在其前中期，是以兄终弟及为原则，王子之间并无嫡庶的区别（关于这一问题，后面还要论述），都有继承王位的资格，到无弟可传，然后传子。而且十分有意思的是，按照继承制度的常例，继位的幼弟身死之后，不应将王位传给自己的儿子，而是回传给自己的长兄之子。例如根据《史记》的记载，商的开国之君商汤去世时，其长子太丁已死，太丁之弟外丙、中壬相继即位；中壬死后，王位回传给长兄太丁之子太甲（甲骨文"周祭谱"的排列与此不同，成汤死后直接由太丁之子太甲继承王位）。又如，按照甲骨卜辞"周祭谱"所排世

---

① 有易杀王亥之事，见于多种古籍，如古本《竹书纪年》、《山海经·大荒东经》、《周易》、《楚辞·天问》等，均有记载。

系，商王中丁死后，其弟卜壬（即《史记·殷本纪》
中的外壬）和笺甲（即《殷本纪》中的河亶甲）相继
继承王位；笺甲死后，王位回传给长兄中丁之子祖乙。

那么，为什么会出现这样的制度呢？归根到底，
仍然是与商代所具有的浓厚游牧文明性质的文化因素
有关。游牧生产具有很大的流动性和危险性，凡是以
游牧为生的部族或民族，都经常处于随时会与异族发
生武装冲突的危险之中，因为各自之间并无明确的疆
域，且因牧场条件的变化而不得不往来迁徙甚至彼此
争夺，故冲突往往难免。这种生产方式，要求必须具
有强有力的首领，其起码的条件是已经成年。因为，
游牧部族或民族的首领需要经常身先士卒，率领族人
与异族厮杀搏斗，必须具备丰富的经验和强悍的体力，
而这显然是未成年的儿童所无法具备的。商代继承制
度之所以是以兄终弟及为主，而且幼弟死后王位回传
给长兄之子，其本质原因都是出于其生产生活方式必
须由成年人来领导这一基本的考虑。结合卜辞与文献材
料，可知商代 29 王中，由父传子的有 10 位（包括大
丁），由兄传弟（包括传给叔伯兄弟）的有 12 位，由弟
回传给兄之子（包括堂兄之子）的有 6 位。

不独商族如此，我们只要留心历史便不难发现，
兄终弟及其实是游牧民族首领继承制度的一个普遍原
则。一些虽已农耕化但其文化传统中仍然保有浓厚游
牧文化传统的民族也是如此。例如与商族族源相近且
具有相似的生产方式，因而文明特征与文化传统都很
接近的秦人，在继承制度上就是采取"择勇猛者立之"

的原则，道理就在这里。

当然，制度与实际总是有差距的，中国的历史尤其如此（原因即在于中国的制度特别早熟而严密，但现实生活却千姿百态）。所以，即使是极其严格周密的制度，在实行过程中也可以找到种种变通的办法。由于王者无不愿意将王位传给自己的子孙，所以兄终弟及原则，特别是将王位回传给长兄之子的原则，在实际的实行过程中往往很难做到。但这与制度是否存在是两回事。一种制度的形成与确立往往是由于长期的稳固的需求，而这种稳固的需求恰恰体现和反映了经济基础与文化传统的特色。

到了商代晚期，盘庚迁殷以后，由于农业生产久已成为经济基础的主项而在整个社会生活中占据日益重要的地位，发挥越来越大的影响，其原有的牧业文明特征则逐渐淡化，从而使商人的继承制度也发生了相应的变化，由以兄终弟及为主，逐渐演进为单纯的父死子继，并在其末世出现了嫡庶制度的萌芽。然而，由于商王朝的灭亡，这一刚出现的萌芽未及成长便迅速夭折了。

以下，让我们通过商人立国以后的活动，去了解商王朝的方方面面。

 ## 7 "殷人重神，率民以事神"：粗具宗法与神权统治的时代

夏代晚期，作为强大方国的商部族，其都邑在今山东曹县一带。成汤灭夏以后，把王都迁至位于当时

已经开发出来的中原地带中心区域的伊、洛地区的尸沟乡，以便于对其他众多方国的控制，这就是史籍所说的"汤都西亳"。

作为开国之君的成汤，是商人历史上一位伟大的首领。从文献的记载看，除了杰出的治国与军事才能之外，其过人之处在于他的为人行事之中有着非凡的团结众多方国的人格魅力。汉人刘向所著《新序》记载的汤"网开三面"的故事，是这种人格魅力的最好说明：

> 汤见祝网者置四面，其祝曰："从天坠者，从地出者，从四方来者皆罗吾网。"汤曰："嘻！尽之矣。非桀孰能为此！"汤乃解其三面，置其一面，更教之祝曰："昔蛛蝥作网，今之人循序。欲左者左，欲右者右，欲高者高，欲下者下，吾取其犯命者。"汉南之国闻之曰："汤之德及禽兽矣！"四十国归之。

这其实不过是一种政治权术，目的在于与夏桀争夺各邦国的支持。但是这种权术的确有效，成汤正是依靠众多邦国的支持，才打败了长期高居于众邦之首的夏邦取而代之。

成汤另一件著名的"圣王之迹"是所谓的"助耕葛伯"，见载于《孟子·滕文公》：

> 汤居亳，与葛为邻。葛伯放而不祀，汤使人问之曰："何为不祀？"曰："无以供牺牲也。"汤

使遗之牛羊。葛伯食之，又不以祀。汤又使人问之，曰："何为不祀？"曰："无以供粢盛也。"汤使亳众往为之耕，老弱馈食。葛伯率其民，要其有酒食黍稻者夺之，不授者杀之。有童子以黍肉饷，杀而夺之。书曰："葛伯仇饷。"此之谓也。为其杀是童子而征之。四海之内皆曰："非富天下也，为匹夫匹妇复仇也。"汤始征，自葛载，十一征而无敌于天下。

这样的忍辱负重，仁至义尽，显然是后代想象的圣王故事，而且是典型的孟子式的、极端强调仁义道德的风格。但是由此所反映的殷人注重祭祀神灵的传统，却具有值得我们重视的文化意义。

商汤是中国历史上有名的圣王贤君，据说他在打败夏桀之后登上天子之位时，有三千多个诸侯前来朝贺。商汤发布有名的《汤诰》，告诫这些"诸侯群后"，要他们"毋不有功于民，勤力乃事"，否则便要"予乃大罚殛汝，毋予怨"。

关于商汤所迁尸沟乡之西亳，20 世纪 80 年代初期就被考古工作者发现。城南北长约 1700 米，东西最宽处约为 1200 米，最窄处 700 余米。总面积约 190 万平方米。城内已发现多处大型的建筑基址，显示出早商时期作为众邦之首的"大邑商"所具有的规模和气势。都邑的庞大代表着国家规模的扩大和人口的增多，说明到了商代，中华民族的先民对于我国疆域之内重要地区的开拓较之夏代有了明显的发展。

根据后代的文献，汤活了100岁才去世，这个数字也许未必真实。不过，从其长子太丁比他早死来看，很可能他的确比较高寿。按照《史记》的记载，汤死之后，太丁之弟外丙、中壬相继即位，但总共只在位七年。中壬死后，王位回传给长兄太丁的长子太甲。此时的太甲大约还比较年轻（由此亦可见汤不会活到100岁），史称他"不明，暴虐，不遵汤法，乱德"，实际上就是由于年轻还不懂事，只知胡闹。伊尹等大臣将他囚禁在桐宫里面，令其学习和思过，这就是历史上著名的被史家津津乐道的"伊尹放太甲"的故事。太甲经过三年的幽禁思过，果然成熟多了，"悔过自责，反善"，于是伊尹等大臣迎接他回朝，重新奉之为君。后来太甲成了一代明君，使商之国势大振，"诸侯咸归殷，百姓以宁"。他死后，被殷人尊奉为"太宗"。

太甲之后，其子沃丁和大庚相继在位，政绩平平。其后的两位殷王是大庚的儿子小甲和雍己，在位期间皆乏善可陈，殷之国力有所下降，史称"殷道衰，诸侯或不至"。

到了雍己之弟大戊在位的时候①，"大邑商"的国势又强盛起来。大戊是个贤明能干的君王。传说他在

---

① 此处的商王世系是依照《史记·殷本纪》。甲骨"周祭谱"所排世系略有不同，雍己即位应在大戊之后。除此之外，《殷本纪》与"周祭谱"的殷王世系还有其他一些差异，例如《殷本纪》共有31位殷王，"周祭谱"则为29位。但总的来看大致相同。

位时曾经天降妖祥："亳有祥桑谷共生于朝，一暮大拱"。大戊十分畏惧。大臣伊陟认为是政事有失，劝其通过"修德"来化解。大戊从之，妖祥果然消失。由于他的努力，"殷复兴，诸侯归之"。殷之子孙因而对大戊非常感戴，尊之为"中宗"。大戊也是一位高寿的君主，据说仅是他执政的时间就长达 75 年。这也许有些夸大，但其在位时间很长则是无疑的。

按照《史记》的记载，大戊是商王朝的第 10 位君王。由大戊之子中丁始，到第 19 位商王阳甲止，这一段时期是商王朝历史上动荡不安的时期。国势时兴时衰，内乱迭起，总的趋势是衰多于兴。众王子之间"争相代立，比九世乱"。王都也不断迁徙，据文献讲，中丁迁都于隞（今河南郑州），河亶甲迁于相（今河南内黄），祖乙迁于庇（今山东鱼台境内，或言祖乙迁邢、迁耿乃至屡迁，说法不一），南庚迁于奄（今山东曲阜境内）。如前面所分析，殷都屡迁的原因并非一种，其中一个因素是与殷人所具有的农牧业混合经济的文化传统有关；同时，这一时期内的频繁迁都也是商王朝的国力和影响力大大下降的一种反映。正像学者所指出的，这一时期内商人的几次迁徙，是从西逐渐向东转移的。这与成汤由东向西的迁徙方向正好相反，说明在此期间商人的势力从西方向东方后退了①。然而，也有的学者对此期间殷都屡迁的原因提出不同

---

① 参见李学勤先生主编《中国古代文明与国家形成研究》，云南人民出版社，1997，第 402 页。

的看法，认为这表明经营东方是商王朝的一个战略要点。汤以前的商族是沿古黄河和太行山东麓由北向南发展。商朝建立之后，经过几代人的努力，殷人在西方已无劲敌，故从中丁开始逐渐将都邑往东迁，以加强与东夷方国部落的联系①。晚商以后商王朝的东方战事较少，就与中丁以后这种对东方的长期经营密切相关。但是不管怎样，这一时期殷之国力明显减弱则是无可争议的事实。其最衰微的时期，甚至发展到"诸侯莫朝"，几乎到了就要丧失众邦之首地位的危险地步。

这种情况，直到阳甲的弟弟盘庚即位以后才发生转变。

盘庚是殷人历史上一位非常出色的君王，史书说他能够"行汤之政"，结果是"百姓由宁，殷道复兴，诸侯来朝"。其最为著名、对于殷人其后历史影响最大的举措，就是将国都自奄迁于殷，这就是《尚书·盘庚》所说"盘庚迁于殷"和古本《竹书纪年》所说"盘庚自奄迁于殷"。从而奠定了"大邑商"后来在较长时期内保持强盛的基础。

盘庚迁殷的事实已经为殷墟考古发掘的材料所证明。但是，其迁殷的具体过程则尚存在一些混沌不清之处。《史记·殷本纪》说："帝盘庚之时，殷已都河北，盘庚渡河南，复居成汤之故居，乃五迁，无定处。……乃遂涉河南，治亳。"所谓"河北"，即应是

---

① 晁福林：《夏商西周的社会变迁》。

指殷墟一带；"渡河南，复居成汤之故居"，则应是指今之偃师及郑州商城一带，此处确为汤之故居。由此可知《殷本纪》的说法与《竹书纪年》有所不同。《竹书纪年》的说法是"南庚更自庇迁于奄"，"盘庚自奄迁于殷"。《殷本纪》说盘庚之时"殷已都河北"，结合《尚书·盘庚》上所说"盘庚迁于殷，民不适有居"来看，最初的迁殷之举无疑应当是由盘庚完成的。但是《史记》讲盘庚迁殷以后并没有长居于此，从"盘庚迁于殷，民不适有居"可知，商人迁殷之后，最初对新居的环境并不适应。所以盘庚后来又率领殷人"渡河南，复居成汤之故居"。其间大约颇多周折，故而"乃五迁，无定处"，过程比较复杂。而且从"乃遂涉河南，治亳"的结果来看，盘庚虽然是最初的迁殷者，但他在位的时候最终还是定都于大河之南的成汤故居。不过，由于盘庚迁殷，故而殷地从盘庚之时起就开始被开发，这一点应是确切无疑的。所以我们说，盘庚迁殷奠定了"大邑商"后来在较长时期内保持强盛的基础，这是可以肯定的。

了解了这一过程，我们再来看《盘庚》三篇，便知道它们所讲述的并非盘庚迁殷之事，而是盘庚迁殷之后重新率领殷人"渡河南，复居成汤之故居"的事。上篇说"盘庚迁于殷，民不适有居"，讲殷民迁殷之后对于新居并不适应；中篇说"盘庚作，惟涉河以民迁"，讲盘庚准备带领殷民再迁河南；下篇说"盘庚既迁，奠其攸居"，讲述再迁河南之后的事。过去有的学者因为不了解这个过程，所以以为现存的《盘庚》三篇因错简之故而次序颠倒，其实不是这样①。

盘庚迁殷之后，殷地开始被开发。其后国都虽然再次迁于河南，但时间不长就又回迁于殷。而且殷地由于环境良好，显然已经被商人重视，很可能部分王室重器已被安置于此。估计到了盘庚之弟小辛、小乙或小乙之子武丁在位的时候，殷人就最后定都于殷了②。由此直至殷亡，都城不再迁徙。古本《竹书纪年》所说"自盘庚迁殷，至纣之灭，二百七十三年更不徙都"，只是笼统的说法，具体来讲则有上述的周折。正如学者所说，在殷墟小屯村西北岗的王陵区至今只发现八座带四条墓道的够得上王陵的形制和规模的大墓③。除去盘庚、小辛、小乙和作为"亡国之君"的帝辛，从武丁到帝乙恰是八位殷王，这应当不是偶然的巧合。

商人迁殷以后的历史，后代的史家称之为"晚商"。晚商时期，由于农业生产久已成为经济基础的主

---

① 关于这一问题，晁福林先生曾有详细论述，请参看他的《从盘庚迁殷说到〈尚书·盘庚〉三篇的次序问题》，刊于《中国史研究》1989 年第 1 期。

② 按照专家学者的意见，在迄今为止出土的约 15 万片甲骨中，虽然可能有早于武丁时期的甲骨，但数量很少，且尚未能将这些甲骨从众多的甲骨中区别出来。这可以作为一个辅证，说明盘庚、小辛、小乙三王的确可能尚未定都于殷。另据《史记·殷本纪》，则是在盘庚复迁于亳之后，其后一直以亳为都城；直到帝辛的祖父武乙时，才又回迁于殷。这显然与殷墟的考古发掘不符。不过十分有意思的是，殷墟发掘尚未发现殷的城墙，原因究竟何在，尚不清楚。这是否说明晚商时期殷、亳之间有着某种职能分工明确的密切关系？有待于今后进一步研究。

③ 杨锡璋：《商代墓地制度》，《考古》1983 年第 10 期。

项而在整个社会生活中占据日益重要的地位，发挥越来越大的影响，其原有的牧业文明特征则逐渐淡化，从而使商人的生活方式也随之发生了变化。例如，对于过去那种"不常厥邑"的传统"天命"不再"恪谨"遵守，所以王都不再迁徙；继承制度也发生了相应的变化，由以兄终弟及为主，逐渐演进为单纯的父死子继。与此相关，商王的地位和王权也逐渐加强。不过，从国家政体的性质来讲，"大邑商"仍然是众邦之首而非众邦之君，这一体制并未发生根本的变化。其具体表现就是众邦根据商的国势强弱及相互间力量的消长变化，或"来朝"，或"不朝"。

晚商时期，从商王盘庚之弟小辛到亡国之君帝辛（即帝纣），共历 11 王，其间曾经几经兴衰。

小辛在位的时间只有三年。从史书"殷复衰，百姓思盘庚"的简短记载来看，其为政的记录显然很差，否则不至于仅三年时间就使盘庚时期已经"复兴"之殷王朝再度"复衰"。他究竟是自然死亡还是另有复杂而不为人知的内情和背景，今天已经无从稽考，但这对于殷人来讲显然是件幸事。

小辛之后，其弟小乙和小乙之子武丁相继即位。武丁是殷人历史上有名的贤王。相传他在未继位时，其父小乙曾经命他出外行役，"旧劳于外，爱暨小人"，因此熟知民间疾苦。据说他即位之初，"思复兴殷，而未得其佐，三年不言，政事决定于冢宰，以观国风"①。

---

① 《史记·殷本纪》。

这就是有名的"高宗亮阴"的故事（见《尚书·无逸》）。不过此事也可以有其他的解释。因为从甲骨卜辞来看，武丁卜辞有"王后我母娩"的记载①，是武丁卜问其母分娩生育的事，这说明至少武丁在位之初其父小乙仍然在世，亦即如有的学者所猜测的，小乙在老年就让位于其子武丁了。如果事情确是这样，那么我们只要对照一下清朝的乾隆皇帝晚年自居"太上皇"时，其子嘉庆继位之初的表现，便不难理解武丁何以在即位之后的最初时期"三年不言，政事决定于冢宰"了。

武丁亲政以后，得贤臣傅说为辅，国势大盛。按照《史记·殷本纪》的记载，武丁得傅说的过程是极富戏剧性的：

> 武丁夜梦得圣人，名曰说。以梦所见视群臣百吏，皆非也。于是乃使百工营求之野，得说于傅险中。是时说为胥靡，筑于傅险。见于武丁，武丁曰是也。得而与之语，果圣人，举以为相，殷国大治。故遂以傅险姓之，号曰傅说。

但我们猜测这与成汤的"网开三面"一样，显然也是一种政治权术，与秦末陈胜、吴广所玩弄的"大楚兴，陈胜王"的把戏相类。实际情况应当是武丁已在暗中

---

① 《甲骨文合集》21068 片。朱凤瀚、范毓周等学者曾对此有解释。

求得良佐，但由于自己威信不足（也可能是由于其父小乙仍在），所以不得不采取这种类似"神授"的办法，以消除阻力，取得王室亲贵大臣的同意和信任。否则，在殷商那种血缘贵族执掌大权的族邦社会里，异姓的低贱之人要想骤然进入国家的权力中枢，将是极其困难的。

武丁在位的时间很长，达 59 年。由于他的政绩突出，"修政行德，天下咸欢，殷道复兴"，被殷人追尊为"高宗"。二期的甲骨卜辞称其为"父丁"，三、四期的卜辞称其为"祖丁"，帝乙、帝辛时的五期卜辞则尊称其为"武丁"。

武丁死后，其子祖庚、祖甲相继在位。关于殷王祖甲，文献的记载颇为矛盾。《尚书·无逸》叙述周公称赞祖甲的话："其在祖甲，不义惟王①。旧为小人，作其即位，爰知小人之依，能保惠于庶民，不敢侮鳏寡。肆祖甲之享国三十有三年。"又说："自殷王中宗，及高宗，及祖甲，及我周文王，兹四人迪哲。"显然对他的评价极高。但是《殷本纪》的记载却是："帝甲淫乱，殷复衰。"《国语·周语》也说："玄王勤商，十有四世而兴。帝甲乱之，七世而陨。"为什么会有这么大的差异？《周语》韦注"乱汤之法，至纣七世而亡也"，道出了其中的奥妙。祖甲为政的特点，是对于成汤以来的传统殷法进行了较大的改革。从周公所说

---

① 依马融的解释："祖甲有兄祖庚，而祖甲贤，武丁欲立之。祖甲以王废长立少，不义，逃亡民间，故曰'不义惟王'。"

"旧为小人，作其即位，爰知小人之依，能保惠于庶民"来看，他的改革显然是对小民有利，却很可能在某种程度上侵犯了宗室贵族的利益。也许这些改革过于激烈，引起了上层社会广泛的不满甚至离心离德，从而导致了殷人国力的衰减。但周公自己由于是一位大改革家，所以当然对祖甲的行为十分赞赏。

祖甲以后，又先后有廪辛、康丁、武乙等几位殷王在位。武乙是殷代历史上有名的昏君，也是一个很有个性、胆大妄为的人。殷人本以笃信鬼神著称，武乙却敢于蔑视鬼神。据说他曾经用皮口袋装满了血，挂在高处用箭射之，美其名曰"射天"，象征着武乙战胜了天神。倘若用今天的话来讲，这真可以说是具有十足的"反传统精神"了。相传他也因此而得罪了天神，在一次野外打猎的时候，被暴雷击死。

倘若将商王武乙和夏王孔甲这两个同被时人和后代称为昏君的国王相比，会发现一个非常有意思的现象。如前所述，孔甲之所以被视为昏君是因为"好方鬼神，事淫乱"，这导致了国力的衰弱。《左传》说孔甲"抚于有帝，帝赐之乘龙"，即由于孔甲对天神恭顺而获得了天神的欢心。殊不知这恰恰是农业社会为君者的大忌。因为凡是过度重视鬼神者，必然轻视人事和民心。相反，武乙之所以被视为昏君却是因为不敬鬼神，这在"率民以事神"的殷人看来同样是大逆不道的。我们从中不难看到不同文化传统所体现的不同要求。

然而，若将夏王孔甲与商王祖甲相比，又可以发现另一个同样饶有趣味但夏商两代却十分一致的现象，即如《国语》所说："孔甲乱夏，四世而陨"，"帝甲乱之，七世而陨"。二者的共同点就在于"乱"，也就是破坏已有的传统和制度。这表明依赖传统是人类社会固有的特性，这在很多情况下其实便是一种惰性。所以，倘若仅就"革新"的意义而言，这说明革新者的事业是格外艰难的，由古至今从来如此。

总的来看，从武丁死后，"大邦殷"的国势就逐渐走了下坡路。武乙死后，其子文丁即位。此时西方的"蕞尔小国"周已经开始强盛兴起。文丁寻找借口，杀死了周王季历，这说明殷人已经深深感觉到周的威胁。但殷人却无法遏制周的发展壮大。到武乙的孙子帝乙继承王位的时候，"殷益衰"，诸侯的反叛更加明显。根据卜辞的有关材料，帝乙曾经亲率大军征伐人方，历时九个月才返回①。他还曾率军征伐距离"大邑商"不远的盂方（今河南睢县南），也是历时数月。这既表明了反殷力量的强大，也曲折反映出殷人自身力量的衰落。当最后一代殷王帝辛刚刚登上王位的时候，昔日无比强大的殷王朝已是败象渐呈、岌岌可危了。

以下，当商王朝的最后一幕尚未落下的时候，让我们根据前面的论述，从商王朝所具有的农牧业混合文明的文化特征这一基本判断的前提出发，去观察商王朝的方方面面。

---

① 《甲骨文合集》36482 片。

(1) 商代的国家形态

商代的国家机器，无论是职官、军队、法律制度还是意识形态，都较夏代有了显著的发展和完善，学术界对此已有很多论述，兹不赘论。这里仅就商的国家形态问题略作讨论。

如我们在本书第一章中所述，从国家形态看，商代应属于典型的早期国家时代。一方面，商代的国家机器（包括意识形态）已十分完备；另一方面，商代又仍是以部族的血缘组织作为国家的基础，而依地域组织划分居民的地缘国家形态尚未出现或仅处于萌芽状态。

但是，倘若与夏代相比，商代国家的地域意识和领土意识无疑已大大加强了，不但其方国不再称"某某氏"而改称"某方"，而且依据《尚书》一类文献的记载，似已出现乡里之类地域组织的萌芽。同时，考古发掘的材料也显示：在有的地方，不是由某个单一的血亲部族的成员，而是由不同部族的成员构成同一"邑"的居民点中的居民的现象已经出现。这表明：经过夏代几百年的发展进化，地缘因素在社会组织中的比重逐渐加重，国家形态进一步趋于成熟。

不过，就总体而言，殷商时代显然仍然处于以血缘部族聚居的方国为基础、尚未达到纯依地域组织划分居民的早期国家时代，这已被大量的文献和考古材料所证明。直到西周初年，"殷民七族"、"殷民六族"等血缘组织仍然是周王分封诸侯时分赐殷遗民的基础单位，这些殷遗民无疑是依族聚居的，否则周人就不可能以族为单位将他们分赐诸侯，说明这种情况直到商代末年也并未发生根本的改变。

殷人的方国在当时是最为强大的，自称"大邑商"、"大邦殷"；与它并立的还有众多的大小方国，著名的有羌方、舌方、人方、鬼方等等。这些方国包括"大邑商"自己在内，于各自直接控制的辖土之内，均采取血缘聚居的方式。我们从甲骨卜辞材料的记载来看，"大邦殷"虽然征服过许许多多的方国，但并没有把这些异姓方国融化为自己邦族的一部分，而仅仅是迫使它们处于附属、服从的地位。因此，所谓的殷王朝，实际上不过是以"大邑商"为领袖的、由众多方国组成的方国联合体，不但与秦汉以后的大一统王朝有着天壤之别，也与家国同构、"宗统与君统合"的周代迥然有异。周代的诸侯称呼周王为"天王"、"天子"，而绝不会称"大邦周"，自己也绝不敢称"小邦晋"、"小邦鲁"，这恰恰体现了殷周国家体制的根本差异。要而言之，周代的人们已经有了"天下一体"的意识，诗人所吟唱的"溥天之下，莫非王土；率土之滨，莫非王臣"之所以产生于周代而非殷代，原因即在于此。而殷代则无这种观念，即使在"小邦周"与"大邦殷"关系最密切的时候，二者也并非一体。

殷王朝直接控制的地方被殷人称为"四土"，其地域并不广大①。战国时人吴起的说法是："殷纣之国，

---

① 有的学者认为"四土"在"王畿"之外，其中由从属于商的诸侯与一些反对商的方国混居。然从卜辞所占卜的四土"受年"来看，这样解释似较牵强，确切的结论尚待进一步研究。

左孟门，右太行，常山在其北，大河经其南。"也即今天黄河中下游的冀南、豫中一带。其他的邦族方国，特别是那些重要的邦族方国，大多是基本独立、原来就有的，而不像周初的齐、鲁、卫、晋那样，是在周王分封之后才出现的；它们和"大邦殷"之间的关系，与酋邦时代不平等部落之间的"递等"关系一脉相承，可视为一种首领和从属的关系。所以，尽管"大邦殷"在整个有商一代始终是实力最为强大的一个方国，但其他方国对商王国并不是一贯俯首帖耳，奉命唯谨，而是根据商人和它们自己力量的变化消长，或叛或附，或敌或友。例如，商王雍己在位的时候，朝政混乱，"殷道衰"，其他的方国就不再来朝表示服从。雍己死后，其弟大戊即位，修德理政，"殷道复兴"，于是其他方国又纷纷"归之"，表示恭顺。这种时即时离的关系，一直持续到殷亡。因此，倘若用后代大一统王朝实行的那种中央集权统治的标准来衡量，商代的王权实在是十分有限的。

为了更明确地认识商代国家政体的特点，必须对商代实行的所谓"内外服制"有清楚的了解。"内服"、"外服"的称谓来源于《尚书·酒诰》，其中说："越在外服：侯、甸、男、卫、邦伯。越在内服：百僚、庶尹、惟亚、惟服、宗工。"根据学者的研究，所谓"外服"的侯、甸（田）、男等称谓，甲骨卜辞中都有；"邦伯"之称虽然没有，但有"伯"；唯有"卫"之名称，卜辞未见。这说明单就这些诸侯的名称而言，《酒诰》的记载是可信的，但"外服"、"内服"之类的称谓卜辞中尚未发现。

内服的百僚、庶尹等，无疑指王畿区内"设官分职"的各种职官及商王直接统领的商人各部族首领。外服的侯、甸、男等，则是以"大邑商"为首的邦国联合体内服从于商的其他方国。有的学者认为外服是商王朝"分封"或由它承认的诸侯，这些诸侯与商王的关系是"臣属关系"。这种观点值得商榷。

首先，如前所述，商代的主要方国大多是原来就有的，而不像周初的齐、鲁、卫、晋那样，是在周王分封之后才出现的，所以，即使我们把以商为首的方国联合体中从属于"大邑商"的其他方国视作接受了商的"分封"的诸侯，那么这种"分封"事实上也仅仅是一种对于既有状况的承认，与后来周代的分封，其性质是完全不同的。

其次，"大邑商"当然有一些长期保持着密切关系的忠实盟邦，但是多数方国与它的关系并不稳定。我们从商代的诸侯对商王朝的屡叛屡服、屡离屡合中便不难发现：二者之间实在难说存在着什么牢固的臣属关系，其实不过是势力弱小者对于强大者惯有的服从，即使是在商王直接控制的王畿之内也是如此。我们从甲骨文中大量记载且备受商王关注的有关"丧人"、"丧众"的记载中便不难了解这一点。例如《粹》119片甲骨记有两辞，一云："以人八千，在驭。"一云："其丧驭众？"是卜问在驭地的八千人众丧失与否。所丧人口数字如此巨大，显然是整个族邦脱离"大邑商"的控制而远徙他方。

由于"大邑商"处于众邦之首地位的时间很长，众邦自然对它形成了很多习惯性的、带有定例性质的义务，如晋见、贡纳、至商邦供职、派兵随征、服从其命令等等。但是这些义务和服从是有条件的，这就是商王朝必须保持自身的强大。一旦商王朝自身的力量衰减，诸侯的离心倾向便十分明显，甚至索性"不朝"，疏远乃至断绝与商王朝的关系。

所谓"外服"、"内服"的称谓仅仅见于文献，甲骨文中并未发现这样的名称。所以，尽管存在着这样的事实，但究竟是否确实存在过这样的"制度"，还需要进一步研究。一些学者对于这种制度过于坚信且评价过高，认为这种国家制度是中国独具的，为世界其他国家历史上所没有。其实未必是这样。例如，在古代赫梯人泥板文书所叙述的历史中，就记载有在一个强大的王国周围依附着许多小邦，小邦的君长到大邦供职并向大邦提供多种劳役和服务的情况。这与我们所说的商代"内外服制"是十分类似的政治结构，其性质是相同的。

说到底，所谓"内服"，不过就是指由商王真正控制的"大邑商"本土；而所谓"外服"，则是指以商为首的方国联合体中有条件地服从于商的众多方国。所以，即使当时真的存在"内服"、"外服"的概念，实际上说明的也只是一种客观存在的现象，而并非是一种有意识的、人为订立的"制度"。即以《酒诰》而言，不过是在陈述一个事实，并未论及制度。把"内服"与"外服"视作制度，等于把商代国家的发展程度人为地拔高了。①

　　究其实，殷周二代的"诸侯"在性质上的根本差异即在于：殷之诸侯是历史存在的自然延续，周之诸侯则是周人新创"宗法分封"制度的结果。

　　由于有的学者对于"内外服制"评价过高，故而他们对商代历史的一些分析就未必符合事实。例如，卜辞中的"沚方"是与商王朝关系密切的一个方国，武丁时期的卜辞记载沚方的首领戙经常配合商人采取军事行动。卜辞中还有沚方的首领向商王报告其领土被土方等敌对方国侵犯的事："五日丁酉，允有来艰自西，沚戙告曰：土方征于我东鄙，戋二邑，舌方亦侵我西鄙田。"（《甲骨文合集》6057正）有的学者就认为这说明诸侯具有为商王朝戍边的义务。这种分析的可信度很值得怀疑。土方为商王朝的宿敌，而沚方则与"大邑商"关系密切，以常理度之，这不过是同盟国之间的通报敌情而已。辞中的"我东鄙"、"我西鄙"，应当都指的是沚方之"东鄙"、"西鄙"，而未必是指"大邑商"的"东鄙"、"西鄙"②。所以，"戍边义务"云云，恐怕是过于夸大了。

　　再如，有学者根据《礼记·王制》所说"天子之田方千里"，便认为殷王朝的"内服"亦即直接控

---

① 依照学者王震中的看法，商代属于"复合型国家结构"；所谓"内服"与"外服"亦即甲骨文中"商"与"四土"的关系，就是复合型国家的结构关系。

② 关于这一问题，学者有不同看法，笔者倾向认为是指沚方的边鄙。再者，由于甲骨文的记载仅仅称"沚"，故其究竟是否为一个方国，学者亦有不同看法。

制的"王畿"有一百万平方公里的面积，因此，今天的河南全省、河北南部、陕西东部、山西南部、湖北北部及山东西部的黄河中下游地区都是殷人的"王畿"。其实，《礼记·王制》的内容不过是战国乃至秦汉时人的理想设计，本不足凭信。商王朝作为一个长期称王称雄、历时数百年的众邦之首，其影响力自然十分深远，甲骨卜辞的材料说明商的影响已经远及长江流域。但是，就商人直接控制的本土而言，其范围并不广大，战国时人吴起的话应当是可信的。倘若商王朝的王畿真的如《王制》篇所讲的那样广阔，帝乙亲率大军历时数月去征伐近在咫尺的盂方便无法解释了。

（2）宗法与家族

王国维先生曾经指出，宗法制度是周人的发明。他说："商人无嫡庶之制，故不能有宗法。"[①] 按照王国维的解释，宗法之"宗"是指大宗小宗之别，而有大宗小宗之别则必然要有嫡庶之分，也即商王之正妻所生之嫡子所建之宗为大宗，其余妃妾所生之庶子所建之宗为小宗。但是，从甲骨卜辞来看，商王虽然有很多妻子，例如武丁有六十四妻[②]，但各妻的地位并没有妻妾后妃之别。当然，在实际生活中，这些配偶的地位并不平等，但这取决于是否受商王宠信、个人的能力才干、母家势力的大小等多方面的因素，而不是取决

---

① 《观堂集林·殷周制度论》。

② 一说为十余妻，详宋镇豪《夏商社会生活》。

于名分上的差异。例如武丁的众妻之中，妣戊、妣辛、妣癸的名字见于祀谱，可见她们的地位特别重要。其中的妣戊又称作妣戊妌，在世时被称为妇井、妌妇，是殷商王畿北部的方国井伯之妇。妣辛又称作后辛，就是有名的"妇好"。她不但是方国诸侯之女，而且富有才干，曾经领兵出征，建有功绩，并受封有领地。所以，这些王妣地位特别重要而受到祭祀，都是各有具体原因的，而与名分上的妻妾之别并无关系。

现代许多研究殷商史的学者都认为商代已经存在妻妾制度，但笔者认为这种观点未必可靠。我们在殷人的周祭谱中可以看到：成汤建国以后的诸先王中，武丁有三位配偶见于祭谱，祖乙和祖丁各有两位配偶见于祭谱，成汤等一些殷王各有一位配偶见于祭谱，但是外丙、小甲、雍己、外壬、𥅀甲、羌甲、南庚、阳甲、盘庚、小辛、祖己、祖庚、廪辛、武乙、文丁、帝乙、帝辛等 17 位商王却竟然均无一位配偶见于周祭谱①。这些殷王里面，除帝辛是亡国之君而非"先王"，可以不论外，如果殷代真的存在妻妾嫡庶制度，那么占历代殷王总数一半以上的如此之多的先王"正妻"不被列入周祭，就简直是不可想象也无法解释的事。即使按照只有直系先王的配偶才能见于周祭的解释，也仍然是说不通的，因为外丙、武乙、文丁、帝

---

① 详见常玉芝《商代周祭制度》第三章第三节，中国社会科学出版社，1987。此外，出组卜辞有一条记载羌甲之配妣庚受卯祀的记录（《合集》23325），铜器《𦥑簋》铭文记载有武乙之配妣戊。

乙都是直系先王①，何以其配偶皆不见于周祭？铜器《辥簋》铭文记有武乙之配妣戊，但她却不见于周祭，这恰恰说明被列入周祭的诸王配偶与是否"正妻"、"嫡配"无关，而是由她们本身在王室中具有的重要地位决定的②。有学者指出：商王之配偶能否入祀，取决于多种因素，如这些妇人生前的社会背景和政治才能，得宠与否，子息是否继承王位，出身族氏是否具有强大势力，等等③。这种认识，笔者以为是正确的。

商代的王室和贵族婚姻并不一定有妻妾之制，在考古上也可以得到证明。1985 年山西灵石旌介村发现的商代贵族墓地，其一号墓为一夫二妻的夫妻合葬墓，二妻居于两侧，随葬品大致相同，无论从位置或物品都看不出她们生前的身份地位有主次妻妾之别。

有的学者根据甲骨卜辞中所反映的直系旁系之分，认为商人语言中的"帝"、"介"用语，其意义即相当于"嫡"、"庶"。这种看法，笔者认为是值得考虑的。从武丁有数十配偶的事实中我们不难想见，历代商王

---

① 按照常玉芝等当代学者的研究，殷墟甲骨中过去认为有两个周祭系统的黄组卜辞实际有三个系统，究竟应当分属文丁、帝乙、帝辛还是武乙、文丁、帝乙，尚需考虑。这样看来，如系后者，则自然不可能有帝乙的配偶入祀。但外丙、武乙和文丁何以无配偶入祀周祭仍然无法解释。

② 关于商代的周祭制度，研究者颇多。有的学者认为得入周祭之先妣，仅限于有子为太子者。这不过是一种猜测，实际上是无法证明的。退一步讲，如果情况果真如此，那么如此之多的商王"正妻"之子不得为太子，适足以证明殷商时期即使已有妻妾制，也绝无嫡庶制。

③ 见宋镇豪《夏商社会生活》。

显然都是多妻的。倘若"介"的意义真的相当于"庶",那么,由于大多数商王的庶子都应当远多于嫡子(因为妻只有一位,即使是死了再娶顶多也不过两三位,而妾的数目则远多于妻),故而甲骨卜辞中的有关记载应当很多。但是实际上,卜辞中"多介父"、"三介父"一类的记载并不多,且仅见于武丁时期,这就表明"帝"、"介"与"嫡"、"庶"无关。再者,甲骨文中的"帝妣"一辞,我们只能证明它是指在位商王之生母,而无法证明它是指在位商王之嫡母。这两个概念是完全不同的。倘若确实存在妻妾制和嫡庶制,在位商王之嫡母便应仅仅是指已故商王之正妻,却并不一定是在位商王之生母,二者之区别即如清朝同治帝时东太后与西太后的区别。所以我认为,"帝"、"介"最大的可能还是指直系与旁系,而并不是指"嫡"、"庶"①。

退一步讲,即使商王的配偶确有妻妾之别,也并不等于在继承制度上一定存在嫡子继承制。换言之,妻妾制仅仅构成嫡子继承制的基础和前提,但绝不是说有了妻妾制便一定会有嫡子继承制。在世界范围的人类历史上,有妻妾制却无嫡子继承制的事例很多。即以我国的历史为例,虽然从理论上说早在西周时期就已经确立了嫡子继承制,但是晚至清代,当康熙皇帝废弃作为法定继承人的嫡子而以"秘密建储"的方

---

① 被有的学者隶定为"介"的甲骨文究竟是否是"介",学者还有不同看法。

式确立皇位继承者的时候，嫡子继承制在事实上便已经不存在了。从这个意义上说，王国维所说"商人无嫡庶之制，故不能有宗法"的话，是不错的。

但另一方面，倘若我们不拘泥于宗法之"宗"，不把宗法的意义作如此狭隘的理解，而把它看做是部族内部依据血缘的远近规范族众、体现"亲有等差"原则的一种制度，那么我们可以说，殷人尽管尚不具有完备周密的、系统化的宗法制度和理论，但实际上已经具备了"亲有等差"的意识，并且实行了与之相适应的、尚处于粗疏阶段的宗法制度。这种宗法制度具体体现在如下几个方面。

第一，祭法。殷人虽然保存着对于直系的和旁系的"先公先王"一同祭祀的祭法，但已经不是像王国维所说的"无亲疏远迩之殊"，而是表现为格外尊崇直系亲属。这一点清楚地体现在由殷墟卜辞所反映的商王室宗庙祭祀制度上，而且越到后来越明显。

第二，王位继承。大体来讲，殷人立国之前以及立国前期，王位继承是以兄终弟及为主，父死子继为辅。后来渐渐演变为以父死子继为主，兄终弟及为辅。而且即使是在前期，"兄终弟及"也只包括王之亲子，而不包括从父兄弟（即叔伯兄弟）之间的传承①。到了殷代晚期，连同父兄弟之间的王位继承也被排除，形成了纯粹的父死子继制度。

---

① 商王南庚以叔伯兄弟继商王祖丁即位，是另有原因的变例，并非商人成法。

113

第三，家族。殷人的家族，从甲骨卜辞和考古遗址所体现的组织结构来看，通常是以一种多层次的亲属集团的形式存在，家族各成员以及各亲属集团之间的社会地位具有明显的等级差别。在家族内部，族长具有至尊的地位，其他成员则根据与族长血缘关系的亲疏而占据相应的位置。族长既是家族祭祀的主持者，也是家族武装的指挥者和家族经济的支配者。

从以上这些方面不难看出，就广义的宗法意义而言，殷代已经存在着宗法制度，这种宗法制度虽然尚不严密，但它已经存在则是毫无疑义的。

我们之所以说殷人的宗法制度尚不严密，还处于初级规模的阶段，关键的一点在于：就继承制度来看，殷人的亲子继承制的巩固时间很晚，而嫡子继承制度可能是到末世才显露端倪，可以说基本未能形成。根据《史记·殷本纪》的记载，帝乙的长子是微子启，由于其母地位低贱而不得立为王储。小儿子辛的母亲是帝乙的正妻，他因此而在帝乙死后继位为王，就是帝纣。由此看来，到商代末世，似乎商王的配偶已经有了妻妾之分。关于这一点，目前在甲骨材料上尚不能得到证明。倘若事实果真如此，那么其意义就是非常重大的。就王位继承的层面而言，嫡庶制的建立，是中国古代国家已经具有成熟的农业文明特征的最重要标志，它对于国家形态、民族格局、社会结构、人际关系乃至深层的思维方式、价值取向等的变化发展起着极其重要的作用。关于这一点，我们在后面论及周人的建树中可以看得很清楚。周人就总体而言，其文化水平并不比殷人进步，甚至可以说逊于殷人。但是，由于周具有典型的农业文明传统，在特定的形式条件下，这种文明传统的巨大作用与周初的现实政治需要相契合，使周人相对轻易而顺理成章地从殷末的嫡庶制萌芽中得到启发，建立起一套周密完善的宗法政治制度，并由此而大大促进了国家形态、民族格局与广泛的社会人际关系发生意义深刻的变化，最终导致古代中国完成了由早期国家向成熟国家的过渡，导致了以"群体本位文化"为"共同的心理特征"的华夏民族的形成。殷人在其王朝的后期，通过长期的发展变化逐渐摆脱了其原有的农牧业混合文明文化传统的羁绊和制约，从而接近跨入高度成熟的农业文明社会的门槛。遗憾的是，由于其迅速灭亡，这一意义重大的变革便只有由取代它的周人来完成了。

（3）神权地位

按照《礼记·表记》的说法："殷人尊神，率民以事神。"这一点不但为文献，也为大量的实物所印证。在殷代社会中，神权具有至高无上的地位。现已发现的向神灵占卜所用的殷墟甲骨已经超过 15 万片，就是殷人神权崇拜的真实记录。

殷人的神权崇拜属于多神崇拜，其中地位相对最高的大神称为"帝"。过去的学者一般认为这个"帝"既是至上神，又是殷人的始祖。王国维曾说："祭法，殷人禘喾。喾为契父，为商人所自出之帝，故商人禘之。卜辞称高祖夒。"郭沫若也曾作过类似的阐述，指出"帝"即是夒。所以侯外庐先生称殷人之宗教为

"祖帝一元神"。一些专家根据新的研究成果，开始否定这一论断。但是不管怎样，祖先崇拜在殷人的神权崇拜中占有至为重要的地位，则是众所公认的。特别是武丁以后，很多原有的自然神在卜辞中消失不见，而对先王先妣神的祭祀则大盛，更鲜明地表现出祖先神在殷人宗教生活中无与伦比的尊崇地位。

游牧部族的生活既动荡又危机四伏，充满各种不测因素。在古代人类的观念意识中，人们只能将这种状况归之于冥冥中的神秘权威的主宰。具有牧业文化特征的古代民族之所以大多崇拜神灵，原因即在于此。从这个意义上讲，殷人之尊神、重神传统显然也与其所具有的牧业文化色彩有关。

殷人何以特别崇拜祖先神？笔者认为，除了部族时代的人们一般皆将自己的祖先作为本部族的佑护神灵这一普遍性的原因之外，这种思想所由产生和形成的一个重要的历史的与现实的原因，即在于殷人对其祖先赫赫武功的深刻印象，以及对因历史传统和现实地位造就的自身强大的充分自信。早在盘庚迁殷之前很久，殷人就作为天下林立的方国中最强大的一员而存在了。历代祖先的光辉功绩，高居于各方国族邦之上的优越地位，无数次对外征伐的辉煌胜利，形成了殷人"我们从来都是最强大的"这样一种根深蒂固的强烈意识，从而不断地增强着他们对祖先的崇拜和信仰。殷人的祖先崇拜达到了惊人的地步，几乎一举一动都要向祖先请问祸福休咎，这种对祖先的高度信赖，是殷人长期保持强大的历史地位造成的。而其作用也包括两个方面：一方面，对祖先的崇拜和信仰构成他们强大的精神支柱，鼓舞和激励他们以充分的自信去战胜敌人；另一方面，这种崇拜和信仰所必然导致的神权强大也遏制和消减了王权的发展，从而使殷人在进入定居的农业社会之后很久，其走出神权统治时代的步履依然十分艰难。

从现存的甲骨卜辞来看，殷人生活的一切方面，大到战争及水旱灾异等军国重事，小到商王与贵族的衣食住行，均要向神灵卜问休咎。即如研究者所说："殷商王朝统治者面临生老病死、出入征伐、立邑任官、田猎农作、天象气候变幻、婚姻嫁娶、祀神祭祖等等，事无巨细，每以甲骨占卜进行预测。"① 并且极其频繁地举行各种祭典，向神灵奉献祭品，以求得到神灵的保佑，从而获福消灾。其祭品的贵重和数量之多，非常惊人。比如曾经一次用过"千人千牛"做牺牲②。这在迄今所知的全部人类历史上是空前绝后的。因此，我们说殷商时期是神权统治的时代，当不为过。

但是，到了殷代后期，神权的地位和神权与王权之间的关系开始出现微妙的变化，这主要体现在作为神职人员的"贞人"的地位变化上③。我们知道，在

---

① 宋镇豪：《殷商甲骨占卜制度的研究》，《炎黄文化研究》第六辑。

② 《缀合》301。

③ 关于这一问题，可参看晁福林《论殷代神权》一文，载于《中国社会科学》1990 年第 1 期。此处的有关论述即取自该文。

神权统治的社会中，卜筮一类的神职人员是神权的体现者，他们负责沟通神与人的联系，宣示神意。因此，神职人员地位的变化，便体现着神权地位的变化。根据近年的研究，在武丁到廪辛时代的殷商前期与廪辛到帝纣时代的殷商后期，负责测知神意的占卜事务的"贞人"的政治地位有显著的不同。这主要表现为：

第一，前期的贞人，其占卜的范围包括任免、征伐、田猎、王的行止祸福、祭祀、田地垦殖、赋役征发、王妇生育、年成丰歉、王室贵族疾病生死、旬夕祸福、物候天象等等。后期的贞人占卜的范围只剩下祭祀、旬夕祸福和田猎征伐几项，较之于前期，其职能范围大大缩小。

第二，前期的卜辞大多记有贞人的名字，由贞人选定卜问的内容，有时还由贞人发布占辞，突出贞人的权威。后期的卜辞却处处体现王的意志，卜辞的内容由王来选定，不少卜辞只是王的行止记录，显示王的权威大大加强，而贞人的地位却明显下降。

贞人地位的这种变化，是殷代后期随着以农业为主项的生产方式日久，王权逐渐加强的结果。

殷代的贞人大多是各个族邦方国的首领，他们各有属地和经济、军事力量。殷人原本的生产方式是农牧业混合经济，具有较大的流动性，与这种生产方式相适应的政治结构只能是方国联合体式的不平等方国联盟，而在这种联盟式的政治结构中，"大邦殷"只能是盟主，而不能是集权王朝。那些来自各个族邦方国的贞人，便依靠神职人员"与神交通"的特殊地位，力图通过神权左右商王朝的军国大事。

但是到了殷代后期，由于定居日久，那种方国联盟式的松散政治结构逐渐不能适应需要，从而导致强有力的权威控制——王权的加强。随着王权的加强，贞人的地位便自然下降了。

这种王权的加强和神权的相对衰落，其突出的表现之一，便是殷王自身的称号与对神灵态度的显著变化。早期的殷王仅仅称王，而且其他许多方国的君长也同样称王；"大邑商"尽管高居于众邦之上，但是它的王和其他众王在称号上并无区别。盘庚迁殷以后，其后几位商王的名号在干支之前往往冠以美称，如康丁、武乙、文丁等等，这是明确地用观念来表示商王已经拥有区别于其他方国众王的特殊尊荣。到了末世的两位商王，竟然把天上众神之首的"帝"字用于名号，称为帝乙、帝辛。此外，前期殷王对于神灵极为敬畏，比如因功绩赫赫而名震一时的武丁，便决不敢自恃功高而蔑视神灵。一次在祭礼时，有一只野鸡登上祭器大叫，武丁便十分恐惧，认为是神的责难。但是后期的武乙却敢于"僇辱天神"，甚至把一只盛满血的皮袋挂在高处，用弓箭射得鲜血流淌，以此来象征"射天"得胜。这固然是由于武乙是无道昏君，但也足见神权衰落之甚，神的形象在殷王的眼中已经远不如过去那么崇高神圣了。

当然，另一方面也应当看到，尽管在殷代后期神权相对衰落，但其根本地位仍然是举足轻重的。《尚书·洪范》记述了周武王于克商的第二年拜访殷贵族箕子，向他请教"彝伦攸叙"的经过。箕子向武王讲了许多治理天下的经验和道理，其中一项重要的内容是"稽疑"，即如何解决疑难问题。作为纣王叔父的箕子说明了殷人在各方面意见分歧时判断凶吉的原则。其中有三点是：第一，如果某件事神职人员一致赞同，那么只要殷王、卿士、庶民三方中的任何一方赞同，就是吉利可行的，哪怕王反对也没有关系。第二，如果神职人员的意见不一致，结果将是处理内事吉利，处理外事凶险。第三，如果神职人员一致赞同，但是王、卿士、庶民等三方面均表示反对，那么"静"也即无所作为才吉利，反之则凶。这说明在决定军国大事时，神职人员的作用仍然占据首要位置，但已不能单方面决定一切，而需要考虑其他方面的意见。箕子说的是殷代晚期殷人的行事原则，反映的正是王权上升时的情况。

根据以上的论述，我们可以知道：殷代的国家虽然规模、制度均较夏代有了很大的发展，但本质上仍然属于以部族聚居为基础的、血缘与地缘相结合的早期国家。在殷代，神权居于统治地位，王权较弱，宗法制度初具规模。到了殷代后期，随着农业文明的特点日益显露而牧业文明的色彩逐渐消退，王权与宗法制度开始发展加强，而神权则相对衰落了。了解殷代社会的这些基本特点，有助于后面我们从国家形态、生产方式与文明类型的角度去更加深入地认识殷周之际变革与周人建树所具有的深远而巨大的意义。

"纣克东夷而殒其身"：英雄
时代的挽歌

　　我们在上节曾经说过，从武丁死后，"大邦殷"的鼎盛时期就过去了，国势逐渐走下坡路。

　　帝辛名纣，一说名受，为帝乙之子。他在中国的历史上，是与夏桀齐名的昏君，二者并称"桀纣"。按照《史记·殷本纪》的记载，帝乙的长子名启，由于其母地位微贱，故而不得继承王位。纣为帝乙的幼子，母亲为帝乙正妃，他因此在帝乙死后即位为王，称帝纣。据说帝纣才分颇高而又胡作非为，请看《史记·殷本纪》对他的描述：

　　　　帝纣资辨捷疾，闻见甚敏，材力过人，手格猛兽；知足以距谏，言足以饰非；矜人臣以能，高天下以声，以为皆出己之下。好酒淫乐，嬖于妇人。爱妲己，妲己之言是从。于是使师涓作新淫声，北里之舞，靡靡之乐。厚赋税以实鹿台之钱，而盈钜桥之粟。益收狗马奇物，充仞宫室。益广沙丘苑台，多取野兽蜚鸟置其中。慢于鬼神。大聚乐戏于沙丘，以酒为池，县肉为林，使男女倮相逐其间，为长夜之饮。

此外还记载有他的种种恶行，如创"炮烙之法"的酷刑，醢九侯，脯鄂侯，剖比干，囚箕子，重用佞臣费中、恶来，诸如此类。这类记载自然会有一些史实作为基础，但是由于殷纣自周秦以后就已成为历史上的昏君的代表，因此显而易见，其中必然有许多后人添枝加叶、增益附会的成分。

比较可信的材料应当是《尚书·牧誓》的叙述。《牧誓》是武王伐纣时牧野决战前的誓师之辞，当代的学者一般认为它所记载的基本史事是可信的①。《牧誓》叙述武王列举"商王受"的罪状共有四条：①"惟妇言是用"；②"昏弃厥肆祀弗答"；③"昏弃厥遗王父母弟不迪"；④"乃惟四方之多罪逋逃，是崇是长，是信是使，是以为大夫卿士"。此四条罪状，与其他史籍所记载的殷纣恶行中的有关材料可以大致对应，应当是可靠的。

这四条罪状之中，"昏弃厥肆祀弗答"与《殷本纪》所说"慢于鬼神"是一回事，而这恰恰是武乙以来的一贯作风，并非殷纣始创。如前所述，它反映的是殷代后期王权强大、神权衰落的事实。其余三条，讲的是殷纣听信宠妃和亲近小臣的话，而疏远王族的亲属重臣。这其实反映的同样是殷代后期随着王权强大、宗族贵族势力衰落的事实。

由文献的记载看，"帝纣资辨捷疾，闻见甚敏，材

---

① 关于《牧誓》的写作年代，过去学者们曾有怀疑，认为其文字不如《周诰》古朴。但 1976 年周初铜器《利簋》出土，铭文中的"武王征商，惟甲子朝，岁贞克昏夙有商"与《牧誓》的"时甲子昧爽，王朝至于商郊牧野"的记载恰合，说明《牧誓》的记载基本是可信的。

力过人，手格猛兽"，这位末代商王显然是一位文武双全、才能出众的君主。从这一意义来说，帝纣是个颇具"英雄"色彩的人物。这样一位君主，又适逢王权上升的时代，故而养成他刚愎自用、格外自信的性格，是十分自然的。这也就是文献所说的"知足以距谏，言足以饰非；矜人臣以能，高天下以声，以为皆出己之下"。所以，一定程度上的胡作非为就不可避免。但是，他所处的时代却是"大邑商"江河日下的时代。随着土地的开发和人口的生聚，一些原本依附和服从于"大邑商"、处于荒凉僻远之地的方国经过数百年的发展壮大，已经日趋强盛，开始觊觎和试图挑战"大邑商"的众邦之首地位。北方的宿敌土方、舌方、羌方等又不断对商王朝进行侵犯，东南方的人方及后起的强邦盂方等也时常与商王朝发生冲突和战争。在这种强敌环伺的险恶情况之下，纯以武力为依托、以"大邑商"为众邦之首的邦国联合体的固有弱点开始愈益充分地显露出来。

"大邑商"驾驭诸侯、统率众邦的基础仅仅是自身的强大武力，除此之外并无其他更强固坚韧的维系纽带。史载，从帝甲开始，随着武力的逐渐衰落，商王朝经历了"复衰"、"益衰"、"诸侯有叛"、"诸侯益疏"这样一个日益走下坡路的过程。

当"大邑商"正处于江河日下状况的时候，作为商王朝邦国联合体一员的周邦却日益发展壮大，其首领"西伯"姬昌通过积极地"阴修德行善"，从而使"诸侯多叛纣而往归西伯"。到了姬昌之子姬发继任周侯的时候，天下诸侯邦国已经有三分之二"归周"，亦即由拥戴"大邑商"转为改拥周邦，"大邑商"作为众邦之首的地位实际上已不复存在。据《殷本纪》说："西伯既卒，周武王之东伐，至盟津，诸侯叛殷会周者八百。诸侯皆曰：'纣可伐矣。'武王曰：'尔未知天命。'乃复归。"这其实是一次对"大邑商"的武力侦察试探，所以文献称此次行动为"观兵于孟津"。"观兵"二字正揭示出"大邦殷"与"小邦周"二者关系的实质。由此不难看出，殷周之间的关系绝非君臣关系。

"观兵于孟津"之后两年①，由于听说纣的行为更加暴虐，"杀王子比干，囚箕子。太师疵、少师强抱其乐器而奔周"，周侯姬发认为伐商的时机已经成熟，于是遍告周之友邦诸侯："殷有重罪，不可以不毕伐。"大举起兵，"率戎车三百乘，虎贲三千人，甲士四万五千人，以东伐纣"。周师东渡黄河，至于孟津，拥护周邦的友邦诸侯纷纷前来会合，一路浩浩荡荡直杀到距离殷商的都城只有 70 余华里的牧野（今河南省淇县南）。为了迎接即将到来的与殷纣军队的决战，周侯姬发在大战之前特别于阵前举行了誓师大会，史称"牧誓"。

《尚书·牧誓》是一篇意义极其重要的文献。其重要性不但在于为我们描述了这一重大历史事件的真实

---

① 关于武王伐纣之年，现在有公元前 1027、1041、1045、1046 等多种说法。据"夏商周断代工程"报告，以赞同前 1045 年的学者为多。

过程，而且还使我们得以透过这一过程，去发现当时的社会在组织结构上的奥秘。而这一意义过去一直未受到重视。为了说明这一点，先让我们看看《尚书》中武王牧野誓师之辞：

> 时甲子昧爽，王朝至于商郊牧野，乃誓。王左杖黄钺，右秉白旄以麾，曰："逖矣！西土之人！"武王曰："嗟！我友邦冢君御事，司徒、司马、司空、亚旅、师氏，千夫长、百夫长，及庸、蜀、羌、髳、微、卢、彭、濮人，称尔戈，比尔干，立尔矛，予其誓。"王曰："古人有言曰：'牝鸡无晨；牝鸡之晨，惟家之索。'今商王受惟妇言是用，昏弃厥肆祀弗答，昏弃厥遗王父母弟不迪，乃惟四方之多罪逋逃，是崇是长，是信是使，是以为大夫卿士。俾暴虐于百姓，以奸宄于商邑。今予发维恭行天之罚。今日之事，不愆于六步、七步，乃止齐焉。夫子勖哉！不愆于四伐、五伐、六伐、七伐，乃止齐焉。勖哉夫子！尚桓桓，如虎如貔，如熊如罴，于商郊。弗迓克奔以役西土。勖哉夫子！尔所弗勖，其于尔躬有戮！"

这篇誓文中，最有意思的一段是："今日之事，不愆于六步、七步，乃止齐焉。夫子勖哉！不愆于四伐、五伐、六伐、七伐，乃止齐焉。勖哉夫子！"

这几句话，用今天的语言来讲便是："在今日之战中，你们每前进六步七步，就要停下来看看队伍是否整齐，你们要努力呀！你们每高举兵器伐刺几下，就要停下来看看队伍是否整齐，你们要努力呀！"

多年以前，笔者在念研究生时攻读《尚书》，每读至《牧誓》此处，总感大惑不解：何以在这样一个激战之前为鼓舞士气而召开的誓师大会上，要再三再四地强调参战者必须努力，甚至讲出"尔所弗勖，其于尔躬有戮"这样严厉的话？更重要的是，敌我双方一旦交锋，必然是胶着在一起，战况肯定激烈异常，如何可能每前进几步或砍伐几下就整理一下队形①？这样做究竟又有什么必要?! 按照常识去考虑，我们似乎还没有见到过这样奇异的战场情景。

其后很多年间，这样一个问题始终横亘心中不得其解。直至近年，由人类学的研究中得到启发，懂得从早期国家的方国联合体角度去认识殷商部族社会结构以后，对此问题才豁然解悟：理解到之所以出现这种情况，恰恰是以血缘纽带为基础的方国联军那种各具独立性而缺乏战场指挥的高度统一性的真实反映。具有统一的指挥是打赢战争的必要前提，各行其是的乌合之众是绝不可能取胜的。武王姬发恰恰是充分认识到这一点，才在誓词中予以特别强调。

方国联军之所以能够联合起来征伐殷纣，自然是不满殷纣作为盟主的所作所为；但这支联军的基础显然不够牢固，因为它是由血缘迥异的不同部族方国所

---

① 按照有的学者的解释，此处的"四伐、五伐、六伐、七伐"之"伐"，其实是指两军接战之前，为提升战斗意志，战士一边呼吼一边以兵器做刺杀状地前进，而非实际接战。此说合理。

组成的，利益各有不同。且"大邑商"居盟主之位已历多年，积威由来已久。所以，这支联军虽然开至战场，但在实际的战斗中能否同仇敌忾齐心杀敌，作为反殷联军的主力和发起者的周人，心中其实是没有底的。所以在誓师时才有"不愆于六步、七步，乃止齐焉"的规定，以此作为一种约束，实际上是告诫那些心志不坚者"谁都不准逃避退缩"，对不努力作战者将严惩不贷，"其于尔躬有戮"，从而提高这支由众多来源不同的部族所组成的联军的战斗力。

由此，便联想到与之相类的另外一段历史：从牧野之战再过二十几个世纪以后，由成吉思汗统率的蒙古大军横扫了欧亚大陆，铁蹄到处所向披靡。当代的学者在解析这个人类历史上独一无二的"世界帝国"的成功奥秘时，发现作为蒙古汗国的基本组织单位的"千户制"，是建立在完全摧毁氏族部落制度的基础上的，"许多强大的部落和著名的氏族被分编在各个千户之中"，这些千户"是完全建立在非血缘关系上的，那里已经不见氏族制度的影子，氏族部落脐带已经完全斩断了"①。这一改造，是成吉思汗超越既往一切游牧民族统治者的伟大创举。不过，已往的学者在分析这一现象时，大多是从它所具有的"打破旧的社会制度"的意义去理解和认识的，而忽视了其对于取得军事活动成功的意义和作用。实际上，恰恰是由于这种打破

---

①　参见《亦邻真蒙古学文集》，内蒙古人民出版社，2001，第412～413页。

了血缘纽带的军事组织既保持了游牧民族骁勇善战的本色，又去除了各部队之间只顾及本部族狭隘利益的弊病，蒙古骑兵才得以称雄天下，创造出了既往所有的游牧民族（包括那些军事力量在人数上远多于蒙古的游牧民族）从未创造过的奇迹。

这一成功的例子，从另一面反证了部族结构社会的局限，也清晰地表明了突破这种局限所具有的重大历史意义。同时它还启示我们：一项伟大的改革，对于人类社会当时的发展乃至未来的命运，往往具有极其重要甚至是生死攸关的意义和作用。周初的改革对于中华民族的意义和作用是如此，成吉思汗的改革对于蒙古民族乃至整个中华民族的意义和作用也是如此。

由是，还促使我们进一步思考：杰出的历史人物在人类历史上究竟起着怎样的作用？我们究竟应当怎样去认识历史的创造者问题？

誓师于牧野的反殷联军，包括周人与西土的"友邦冢君"，以及庸、蜀、羌、髳、微、卢、彭、濮等部族邦国的军队，共有兵车四千乘，陈师于牧野。据《史记》记载，殷纣闻讯以后，发兵七十万迎战。双方于牧野大战，殷纣的军队很快就溃败了。史称：

> 纣师虽众，皆无战之心，心欲武王亟入。纣师皆倒兵以战，以开武王。武王驰之，纣兵皆崩，叛纣。

关于这一段历史，我国 20 世纪 50 年代以后的史学著作往往将之解释为众多的殷商奴隶于"阵前倒戈",从而加速了殷纣的灭亡。这种解释实在是非常荒谬离奇的。因为迄今为止的人类历史告诉我们：没有任何一个人类社会，其武装力量的主体是由既无人身自由又无任何权利的奴隶组成的，在早期国家时代尤其是如此。当时的"战士"是一种非常荣耀的身份，只有自由民才能拥有。

这样的解释，直至几年前出版的史学著作中仍然普遍存在。这一事实告诉我们：在历史阐述之中，理论处于何等重要的地位。无论史实如何清楚，倘若理论陈旧，便不可能得出符合历史实际的认识。

实际上，这段历史所体现的，恰恰是部族邦国社会的特征。所谓"七十万"之众的"纣师"，显然是由众多的邦国军队共同组成的。这些邦国虽然在表面上仍然服从殷商，但无疑早已离心离德①（此即《尚书·泰誓》所谓"纣有亿兆夷人，离心离德"。据学者研究，"夷人"指臣属于商王国的诸方国之人），所以才有见风使舵、"倒兵以战，以开武王"的事。联系前面周人誓师时对于联军"不愆于六步、七步，乃止齐焉"的约束，那一时代的特点应当是体现得再充分不过了。

牧野之战兵败以后，以周为首的反殷联军旋即攻入殷都，纣王登鹿台自焚而死，以殷为"诸侯之长"

---

① 见晁福林《补释甲骨文"众"字并论其社会身份的变化》，《中国史研究》2001 年第 4 期。

的邦国联合体由是而灭亡。

伴随着殷王朝的灭亡，中华民族历史上的"英雄时代"也随之结束，一个新的、以周王朝为标志、具有极其重要意义的伟大时代即将开始。

在开始描述这一伟大的时代之前，让我们先把目光转向遥远的西土，去追述一下周族的历史。

三　赫赫宗周的礼乐文明

 累世务农的西土小邦

　　如果说，我们从文献典籍、甲骨卜辞以及大量的考古实物中，可以清楚地看到"大邦殷"所具有的鲜明的农牧业混合文明的文化特征的话，那么，与周人有关的史籍史料所显现的，则是一个有着悠远历史的典型的农业文明社会。

　　关于周人的最初族源，目前学术界尚无一致看法，但有不少学者认为周人与夏人是有关系的，周人之所以自称"夏"，是因为他们本为夏族的一个分支。根据文献的记载，夏王朝的中心区域大约在中岳嵩山和伊、洛、颍、汝四水流域一带，即今天的河南西部①。而周族从很古的时候起，便居住在泾水和渭水一带，即今天的陕西中部和甘肃东部的黄土高原地区，二地相距并不十分遥远。倘若周人果为夏族的一支，那么从豫西迁徙到这里是完全可能的。古代的黄土高原，景观

――――――――

　　① 《逸周书·度邑》："自雒汭延于伊汭，居易无固，其有夏之居。"

与今天的千沟万壑荒凉贫瘠不同，那里原野平坦，土地肥沃，物产丰饶，为以农业生产方式为生的周人提供了充足的物质条件。

按照文献所述，周人在其传说历史的最初阶段，便以精于务农著称于世了。周人的女性始祖叫姜嫄，相传她因为在野外践踏了巨人的足迹，感而有孕，生下了周族的男性始祖——稷。稷在幼年的时候就喜欢种植菽麻一类农作物，长大后精于农业，老百姓都向他学习，他因而被帝尧任命为"农师"，即管理农业的官。从姜嫄感巨人迹而有孕的传说中不难看出，当时的周人还处于"知母不知父"的母系氏族社会末期，这说明，早在原始社会时代，周人就是一个以农业为生的古代部族了。

《诗经》的《大雅·生民》篇是歌颂后稷的诗歌，其中特别谈到了后稷对于发展农业的贡献。诗中歌颂道：

> 诞后稷之穑，有相之道。茀厥丰草，种之黄茂。实方实苞，实种实褎，实发实秀，实坚实好，实颖实栗。即有邰家室。
>
> 诞降嘉种，维秬维秠，维穈维芑。恒之秬秠，是获是亩；恒之穈芑，是任是负。以归肇祀。

诗中谈到的秬、秠、穈、芑，都属于粟类，而作为后稷之名的"稷"则是小米。诗的大意是歌颂后稷精于农艺，善于耕作，还会培育良种，从而使周人种植的

132

各种作物繁茂生长，获得丰收，并以丰收的成果祭神祈福。

到了后稷的曾孙公刘的时候，周族由于受到戎狄部落的侵扰，于是在公刘的率领下由原居地邰迁徙到豳（今陕西旬邑县）。史称公刘"虽在戎狄之间，复修后稷之业，务耕种，行地宜"，坚持务农为业。《诗经·公刘》说他率部族迁豳之后，日夜操劳不息，整治田亩疆界，修建仓库贮藏粮食（"笃公刘！匪居匪康，乃场乃疆，乃积乃仓"）；并且依据田质的好坏分配土地，建立相应的管理制度（"度其隰原，彻田为粮"）。

公刘迁豳之后，传九世至古公亶父，史称他"复修后稷、公刘之业"，即遵循后稷和公刘务农的传统，进一步发展农业技术。但这时周部族由于累世的经营，人口繁衍，财富积聚，受到了戎狄部落日益严重和频繁的侵扰抢掠。周人不堪其扰，于是在古公亶父的率领下越梁山，渡漆水，最后在岐山脚下的周原（今陕西扶风）一带定居下来。

周人到达周原之后，迅速开辟田地，建造房屋，划定疆界，整修沟渠田垄。《诗经·绵》这样描述当时的情景：

> 曰止曰时，筑室于兹。乃慰乃止，乃左乃右，乃疆乃理，乃宣乃亩。

从《绵》的记述来看，当时周部族的社会组织结构已较公刘时代有了明显的发展，出现了"司空"、

"司徒"等专职性的管理人员，而且有了城邑和宫室（"乃立皋门，皋门有伉。乃立应门，应门将将"）。有的学者因此而认为这时期的周族已经快要跨入"国家"的门槛。是否如此虽不能断定，但周族的社会发展进步则是十分明显的。

根据以上我们对周族早期历史的概括梳理，不难得出如下印象：

第一，周人从很早的时期起，便是一个以农业生产为生的古代部族，而且其单纯的农耕社会特征十分明显。定居生活、彻田制度、专职的管理人员，以及城邑宫室，在在体现出农耕文化特色的重彩，而游牧文化的特征则了无痕迹。周人历史上曾经几度迁徙，然其原因皆在于受到戎狄部落的压迫，不堪其觊觎侵扰。而一旦寻找到新的适宜农业生产的环境，便立即重新定居下来，开始其井然有序的农业生产与生活。这种情况即如《易经》所说的："改邑不改井，无丧无得，往来井井。"相比于因牧马而兴起的秦族首领秦穆公率部出外长期游猎的行为，其间的差异是十分明显的。

周人自然不是全无畜养业，但这种畜养是纯粹的农业生产方式的，仅仅是农耕生活的一种次要的补充。周人的大牲畜主要用于农业生产。正由于大牲畜对于农业生产十分重要，所以他们非常珍惜，即使是在祭神祭祖的场合也相当节制，提倡"小事不用大牲"。这与殷人那种频繁而规模惊人的祭神之举真有天壤之别！这种爱惜畜力的农业文化传统不但在周族早期历史上是如此，直到周人代殷以后也一直被保存下来。在周王朝的记录中，用众多的牲畜大规模地祭神的活动只有过一次，即《逸周书·世俘》所说的，武王灭商以后，祭祀天与后稷及百神水土："用牛于天、于稷，五百有四；用小牲羊豕于百神水土，二千七百有一。"但其原因正如郭沫若先生早就指出过的，不过是周人慷他人之慨，用的是殷人遗留下来的财富①，所以一共只有过一次。周人自己平常则十分节制，用一牛一羊一猪组成的"太牢"作为祭品，已算是隆重的祭礼。这与甲骨卜辞中动辄以牛百为牺牲，差别不可以道里计。

第二，周族在很长的历史时期内，始终是一个弱小的古代民族，其历史是一部艰苦图存的历史，我们从它不止一次被迫迁徙的史实中可以清楚地看到这一点。难能可贵的是，它始终处于出没无常的戎狄部落的包围之中，却一直顽强地保持着自己固有的文化传统和生活方式，并在与戎狄的斗争中不断壮大。

周人每定居一地，就在那里生聚发展，用自己先进的生产方式改变那里的自然环境。在这种恶劣的环境之中，为了保卫自己的家园和生命财产，他们不得不一手拿农具，一手拿武器，这也就是《诗经·公刘》篇所描述的：一方面"乃场乃疆，乃积乃仓"，一方面又要"弓矢斯张，干戈戚扬"，张弓搭箭紧握武器，随时警惕戎狄的侵犯。这种艰苦紧张、血汗交织的生活既锤炼着周人的意志和勇气，也使周人的武力随着经

---

① 郭沫若：《十批判书》，人民出版社，1954，第 18 页。

济的发展而发展。从这个意义上讲，古人所谓的"虞夏以文，殷周以武"是不错的。

但是另一方面，殷周之武又有着巨大的差异。

游牧民族的武力必然带有某种侵犯性，这是其生产方式的性质所决定的。为了游牧的需要，每一部族都必须经常迁徙，不断地"逐水草而居"，寻找水草丰美的新牧场。而这种寻找和迁徙的过程，也就是不同部族间争夺生存空间的过程。同时，战胜敌对的部落不仅意味着保存自己，还意味着子女金帛牛羊等巨大的财富。因此，游牧部族之间的武装冲突往往是频繁的、随时随地可能发生的。

农耕民族则不然。就生产方式而言，农耕民族要求的是安定、和平。它也需要武装，但目的主要是保护自己而不是进攻他人，身处戎狄环伺之间的农耕民族尤其是如此。在游牧部族眼中，那些房屋、仓廪、城邑，本身便代表着令人垂涎的财富。所以，农耕民族的"武"往往是防御性的武，即使是进攻往往也是出于防御目的的进攻（这里特指农耕对游牧的关系而言）。在周人早期的历史中，武力的这种防御性作用十分明显。史载，在古公父时代，戎狄为了掠夺财富而屡屡侵犯周人，于是古公就送大量财富给戎狄，期望以此换得相安无事。但戎狄仍不罢休，进一步索要土地和人口，古公无奈，只好带着周人迁徙远方。这里，周人的武力仅仅是用于自我保护，并且为了求取安宁宁愿作出巨大的让步。

殷周之武的这种区别，体现着不同生产方式的不同要求。周人之所以在代殷之后"制礼作乐",以礼、乐的规范去约束人们的行为,以求天下秩序的稳定,而不是像殷商那样单纯依赖强大的武力来维护自己的地位,归根结底,是与这种生产方式所决定的文化传统性质息息相关的。

宗法政治化与王权的强化

周族在古公亶父之前,始终是一个弱小的民族。自古公亶父迁岐以后,励精图治不敢或怠,团结族众,争取与国,为周人日后的兴起打下了坚实的基础。武王克商以后,回顾历史,认为周人取天下的基础肇始于古公亶父时期,因此而追封他为"太王"。自古公亶父开始,接着是季历和周文王,连续三代发扬蹈厉自强不息,到周文王时,不懈的努力终于取得成果,弱小的周人开始强盛起来。

恰好与此同时,威震天下数百年之久的"大邦殷"由于几代殷王的昏庸无道,以及其他种种原因,国势急剧衰落。骤然强大起来的周人利用殷人专力对付东方反叛邦国的机会,联合"友邦冢君",率领各方国、部落联军突然发难,一举打败殷人。这样,僻处西陲的"小邦周"便从此取代了"大邦殷"的地位。

周人之所以能够打败殷人,除了通过自身的不懈努力日臻强盛外,实有种种的偶然因素。而殷人虽然战败,然而积威日久,影响尚存。而且殷遗民人数众多，势力依然雄厚。所以周人代殷之初，在心理上对于自我的力量并无充分的自信。关于这一点，我们从现今发现的周初铜器铭文中"令"、"命"二字字义的演变过程中可以看得很清楚。

令、命在周初金文中本为一字，而且直至武王之子成王时代的铜器铭文中，所有的"命"字还只具有"命令"、"使令"这一单一的意义，而不具有王国维所说的"天降命于君谓付以天下"，即指天所授予的地上统治权的意义。到了周公东征胜利以后，随着周人统治的巩固，其自信心也随之增强。到了康王、昭王以后，周人已经真正取代甚至超过了殷人原有的地位。于是，在周人对于文、武二王业绩的称颂追述中，他们开始考虑：他们之所以能够据有今天的地位，本来就是上天的意志和安排。因此，在康王时期的铜器铭文中，开始出现多义的"令"字。如《大盂鼎》中的"丕显文王受天有大令"，《班簋》中的"彝昧天令"，这些"令"字都不再是指"命令"，而是指"天所授予的统治权"[1]。以后到了恭王时期，令、命二字又出现分流，凡是"付以天下"的意义均用"命"而不再用"令"，说明这一观念更加巩固。

正是由于在代殷之初周人尚无充分的自信，故殷人作为数百年盟主的威望所具有的"强者启示"的作用，以及对历史惯例的遵循与受传统习俗的影响，使

---

[1] 详拙文《文王受命的传说与周初的年代》，《史林》1990年第2期。

周人在代殷以后最初试图建立的，不过是效仿殷代政治模式的、以周为领袖国的方国联盟王朝。学者的研究告诉我们：周初大规模的分封诸侯是在成王时代。武王克商以后，所做主要不过是"释百姓之囚，表商容之闾"，"封比干之墓"，其后不久便"罢兵西归"。对于作为亡国之余的殷人，反而倒是"封纣子武庚禄父，以续殷祀，令修盘庚之政"①。说明周人还是按照夏商以来的惯例，打败敌国之后令其服从即可，并没有消灭殷国，而仅仅是让殷人作为邦国联合体之一员服从于周，正如"小邦周"曾经长期作为邦国联合体之一员服从于"大邦殷"一样。这种处理的方法，正是部族社会时代的典型做法。倘若失败的殷人能够从此甘心屈居于从属的地位，那么周代未必不会像殷商一样，成为一个众多方国林立的时代。合乎逻辑的推论恰恰应该是如此，至少在周初的一个较长时段内很可能是如此。

　　然而不久形势发生变化，企图复兴祖业的武庚，联合本来被派监视他，却因对周公摄政不满而与之勾结的管叔和蔡叔，想乘武王新死、成王年幼而周公大权在握的"主少臣疑"之机作乱，从而使立足未稳的周王国立即面临被颠覆的危险。大政治家周公旦于危急存亡之时坚决果断地率师东征，再次打败殷人，粉碎了殷人重登盟主宝座的梦想。

　　东征胜利之后，周公总结教训，深感殷人的霸主

---

　　①　《史记·周本纪》。

地位积数百年之久，势力尚在，余威犹存，而周族则乍然兴起，力量有限，倘若治国方略完全依照殷代制度，那么殷人一旦于猝然打击之后的失败中复苏，由于其人口众多、旧土广大，周人能否巩固统治将吉凶难卜。基于这种考虑，也由于周人东征胜利后，其权威与自信明显加强，故而，挟再胜之威，在雄才大略的周公旦的亲自规划设计下，周人对国家制度进行了具有极其深远意义的重大改革，实行了"封建亲戚，以蕃屏周"的分封；同时，又通过"制礼作乐"使周系诸侯与其他文化落后的部族方国截然区分开来，而周系诸侯之间则有了共同的文化观念与制度约束的同一性基础。从而改变了周初那种不平等方国联盟的政治格局，把周王朝改造成为一个大规模的、宗法化的、以共同的政治利益为基础的、以礼乐制度和文化观念为纽带的、以周王为宗主的宗族诸侯为主、异姓诸侯为辅的王朝。

在这一改造的过程中，周人原有的、成熟的农业生产方式所具有的文化特性与现实的迫切政治需要紧密地结合起来，以"长治久安"为目的，以分封制度为基石，创建了发达的、打破夏商以来部族结构社会桎梏的、以礼乐制度为基本特征的、由早期国家开始向成熟国家发展过渡的农耕文明政治—社会结构。

周公分封诸侯的作用和意义在于：

首先，如前所述，这种大规模的封邦建国大大促进了国家制度的发展进步。

殷代以前乃至整个殷代，天下众多的方国邦族大都采取亲族聚居的形式，所谓的"一国"其实就是一族，兼有血缘部族与早期地缘国家的特点。殷人的方国在当时是最为强大的，自称"大邑商"、"大邦殷"。与它同时并立的还有众多的大小方国，这些方国包括"大邑商"自己在内，都是自然生长起来的，它们于各自直接控制的辖土之内，均采取血缘聚居的方式。我们从甲骨卜辞材料的记载来看，"大邦殷"虽然征服过许许多多的方国，但并没有把这些异姓方国融化为自己邦族的一部分，而仅仅是迫使它们处于附属、服从的地位。因此，所谓的殷王朝，实际上不过是以"大邑商"为领袖的、由众多方国组成的方国联合体，与秦汉以后的大一统王朝有着天壤之别。殷王朝直接控制的"四土"为今天黄河中下游的冀南、豫中一带。其他的邦族方国，基本上都是独立的，它们有着各自的宗教信仰、神灵崇拜、文化传统、风俗习惯。它们和"大邦殷"之间的关系，与酋邦时代不平等部落之间的"递等"关系一脉相承，可视为一种首领和从属的关系。它们之所以奉"大邦殷"为领袖，听从"大邦殷"的调遣指挥，仅仅是因为"大邦殷"的实力强大。舍此之外，二者的关系中并无其他以制度和信仰为基础的、具有强大影响力和制约力的恒久性因素。

周初分封的诸侯则与此不同。它们是在打破旧式部族方国血缘界限的基础上，以周王"授土授民"的名义赐予，由姬姓或异姓功臣建立的以周人为统治族的新型国家。关于这一点，《左传》定公四年的记载讲得很清楚：

昔武王克商，成王定之，选建明德，以蕃屏周。……分鲁公以……殷民六族……使帅其宗氏，辑其分族，将其类丑，以法则周公……因商奄之民，命以《伯禽》而封于少昊之墟。分康叔以……殷民七族……命以《康诰》而封于殷墟。……分唐叔以……怀姓九宗，职官五正，命以《唐诰》而封于夏墟。

这些"殷民七族"、"殷民六族"以及其他一些商代强大方国的贵族和遗民（所谓"怀姓九宗"，就是商代强大方国鬼方的九个宗族），整族整族地被迁往各周人封国，由封国统治者"帅其宗氏，辑其分族，将其类丑"，进行分化式管理。

结果，一是殷人的旧有势力脱离本土，云散四方，被分别羁绊，已不可能重新聚合，死灰复燃。所以，经过周公分封之后的殷人，已没有了重温旧梦的可能。

二是这些由周王"授土授民"新建的国家，已经不是旧式的血缘聚居的方国，而是由周人、本地土著以及外迁的殷人和其他方国各部族混合，以周人为统治族的新型国家。由是，过去那种"一族即是一国"的情况在周系诸侯（至少是其主要诸侯）里不复存在，而从兼具血缘与地缘特征的早期国家时代向以地缘划分居民的成熟国家过渡的发展过程已经开始。

同时，这些分封的诸侯国家在名义上属于周王所有，在实际上也须在相当程度上听从周王的指挥和承担各种责任与义务。它们与周王室的关系，已不再是方国联合体中的成员与领袖的关系，而是臣属与君主的关系，从而使王权大大强化。这种变化，正如王国维所说："由是天子之尊，非复诸侯之长，而为诸侯之君。"①

就是从这一时代起，中华民族的先民才第一次具有了"天下一体"的观念。当时的诗人所吟唱的"溥天之下，莫非王土；率土之滨，莫非王臣"②，便是这一观念的生动反映。

这种观念的改变体现的是一种真实状况的变化，说明从原始时期就强固地制约和束缚着社会的发展和进步的、狭隘的部族结构桎梏的坚冰开始被打破，中华民族由此而获得了不断发展的潜力和契机，一个具有光辉未来的文明前景已经展现在我们面前。

自然，周初的这种分封制度与后代大一统帝国的中央集权制度还有很大的区别，但较之殷代那种兼有血缘部族与早期地缘国家特点的方国联合体政治制度，无异有天壤之别。

其次，周初大规模的分封不但使国家制度大大发展，而且造成宗法关系的政治化，由此而导致了宗法制度的完善与发达。周初的宗法关系政治化是周人加强王权的手段，而宗法制度的发达完善则是这种宗法关系政治化的结果。周初分封的主要国家，大都与周王室有着宗亲或姻亲关系。《左传》昭公二十八年说：

① 《观堂集林·殷周制度论》。
② 《诗经·小雅·北山》。

"昔武王克商，光有天下，其兄弟之国者十有五人，姬姓之国者四十人，皆举亲也。"《荀子·儒效》说：周公"兼制天下，立七十一国，姬姓独居五十三人"。

周人以宗法政治化的方法实行分封，主要是出于这样三个目的：

第一，是为了对那些鞭长莫及的地区进行有效的统治，把它们纳入周统治者的势力范围。

周初时期，人烟稀少，自然界的大部分领域尚是洪荒天地，人类的活动充其量不过开辟了少量的中心地区，以及中心地区之外的一些重要的点。正如有的学者指出的那样："在王权能够对占领地区征收常税的情况下，国王才有可能不再实行分封制。"① 因此，在周初阶段，以宗法政治化的方法实行分封，乃是唯一有效的统治形式。周人采取武装殖民，派同姓母弟及异姓姻亲，于远离邦畿数百里乃至数千里之外的要冲地区建国，用强化宗法关系、加强家族血缘纽带的办法，使大部分诸侯，特别是那些分封于要冲地区的主要诸侯家族化，实际上是以宗族分权的形式扩大和巩固姬姓的家天下。这些分布在极其广大地域之内的周系诸侯，以宗法关系为基础，以礼乐制度为纽带，同气相求，守望相助，他们以"华夏"自称，以自别于周系诸侯之外的其他"蛮夷"，使周王朝在远较"大邦殷"的范围广阔得多的地域内建立了有效的统治，从

---

① 朱建军：《论古代王权的发展及其与财富的关系》，《世界历史》1992 年第 3 期。

而为三代之后的中央集权帝国的出现创造了基础。

第二，是为了巩固贵族阶级的内部秩序，减少统治集团内部的权力与财产争夺。

所谓宗法，其最初的本质意义是贵族内部的组织法，它具有以"名分"约束同姓贵族成员安守本分、不使"僭越"的作用。关于这一点，《吕氏春秋·慎势》阐述得非常透彻：

> 先王之法，立天子不使诸侯疑焉，立诸侯不使大夫疑焉，立嫡子不使庶孽疑焉。疑生争，争生乱。是故诸侯失位则天下乱，大夫无等则朝庭乱，妻妾不分则家室乱，嫡孽无别则宗族乱。

文中的"疑"是"拟"（繁体字本作"擬"）的假借字，意为比拟，即与之相比。这段话的意思是说："先王之所以为天下立天子，是为了不使诸侯与之相比；之所以为一国立诸侯，是为了不使大夫与之相比；之所以要在家族中确立嫡子，是为了不使其他庶子与之相比。不这样做，就会导致权力与财产的争夺，使秩序混乱。所以，倘若诸侯不安于位则天下乱，大夫不安于位则国家乱，妻妾地位不分则家庭乱，嫡子庶子无别则宗族乱。"

由此可知，将宗法关系政治化的结果，是使周天子成为天下的共主，海内的大宗；诸侯成为封国内的共主，卿大夫的大宗；卿大夫成为贵族家庭内部的共主，众庶子的大宗。

这样做的目的，在于使周统治集团内部尊卑等级的关系制度化，明确不同身份、不同等级贵族间的权利和义务。

第三，是为了强化周民族的整体意识。

我们在前面曾经论述过，殷商时代没有大宗小宗的观念，其原因在于商王的配偶没有嫡庶之分，由此也就不存在嫡子和庶子的区别。所以，商人的各个宗族都是独立的经济、军事和社会组织。到了商代晚期，随着王权的逐渐强大，商王在祭祀与行政等国之大事方面开始表现为独断专行。比如：在武丁时期卜辞中经常见到的由子姓诸宗族的族长参与王室祭祀的情况，在较晚期的甲骨卜辞中就不再见到。《尚书·牧誓》记载周武王出兵伐纣时，于阵前誓师，历数纣王的罪状，其中之一便是指责纣王"昏弃厥遗王父母弟"，即不重用同宗的父辈与兄弟。这表明，随着殷代王权的强大，殷王与殷人诸宗族的关系反而松弛。这种情况，倘若发生在后代真正实行中央集权制度的社会环境里，自然有相应的机制可以解决这一问题，而不至于导致统治的削弱；但是，在殷商时期那种以血缘亲族力量作为统治支柱的条件下，就必然会危及统治族存在的基础。

周人把宗法关系政治化所采取的方法，是通过区分妻妾、明确嫡庶来建立严格的嫡子继承制度。所以，周人将宗法关系政治化的过程，也就是宗法制度本身发达与完善的过程。

如前所述，商代晚期，同父兄弟之间的王位继承已经被排除，形成了纯粹的父死子继制度。到了末世的帝乙、帝辛时代，商王的配偶似已有了妻妾之别，从而其子嗣便有了嫡庶之分。周人是传统的农业民族，消弭贵族内部的纷争、追求稳定的社会环境，是其特定的生产方式所规定的必然要求。过去，当周人处于强敌环伺的艰难环境下时，第一位的迫切要求是必须要有精明强干的领导，其他考虑尚无暇顾及。所以古公父死后，由于他的小儿子季历以贤能著称，因而被立为继承人。但周人代殷以后，特别是周公东征胜利以后，天下大局已定，如何能够长治久安，开始成为被周人首要考虑的问题。周公在制礼作乐、实行分封、变革国家的政治制度时，在殷人已有的嫡子继承制度萌芽的基础上，把这种区分嫡庶的王位继承制度进一步严格化和推广化，并由此而一贯到底，把这一制度由天子、诸侯进而推行到卿大夫、士等各级贵族阶层。

按照这种严格化的宗法制度的规定，各级统治者和贵族的配偶均有妻妾之别，正妻所生之子为嫡子，其余为庶子。从周王、诸侯、卿大夫到士，有权继承王位及各级爵位者只限于嫡子，在理论上为嫡长子。所以王国维曾经十分精辟地指出："周人嫡庶之制本为天子诸侯继统法而设"，使"宗统与君统合"①。但是王国维的判断也有不准确之处，即他认为周代的这种宗法制度只限于贵族阶层。而根据现代人的研究，周代的宗法制度并不是到士为止，实际上庶民也有宗

---

① 《观堂集林·殷周制度论》。

法，所以宗法制度在周代是一种全社会性的制度。当然，庶民宗法的意义与内容和贵族阶层的宗法有极大的不同，即不具有领土和政治经济特权的意义，但在宗族的事务、财产特别是人际关系方面，其作用是相通的。

按照这种严格化的宗法制度，由嫡长子继承的世系被称为"大宗"，嫡长子称为"宗子"，又称"宗主"，为全体族人所共尊。大宗之外的其余支系称为"小宗"。大宗在决定宗族事务，如财产、外交、祭祀、军事活动等方面拥有种种特权，而小宗则有服从大宗的义务。至今发现的周代铜器铭文中，有不少累累出现的表达小宗对大宗的尊崇、恭敬和服从的习惯用语，比如像"用享大宗"、"享孝于大宗"等等，这在商代的铜器铭文中是从来没有的。从这些谦卑的用语中，不难想见周代的大宗所具有的尊荣与权威，也不难理解商周社会在组织结构与伦理观念上的差异。

当然，我们在这里所说的"嫡长子继承制"，由于各种具体因素的影响，在实际的实行过程中会有种种情况各异的结果。例如在位君王的性格能力、妻妾的受宠程度和势力大小，众子的贤愚差别等等，都可能影响到这一制度的执行。而且，由于条件不同，各诸侯国制定的具体政策往往也并不一样。有的以嫡幼子继承为主，有的甚至在较长时间内保持着由"兄终弟及"到"父死子继"之间过渡的"一继一及"制度。例如鲁国，本来是周代诸侯中最为重要的、举足轻重的国家，应该是最忠实地执行这一制度的。但是，由

中国早期国家史话

于武王死时成王年幼，当时天下未稳，"主少臣疑"，周公以"践祚称王"的形式摄政，总领军国大事，从而挫败了武庚勾结管叔、蔡叔发动的叛乱，使天下复归于安定。这种"直接的经验"对于任何时代的人们来说都是印象最为深刻的，具有极强的示范作用，它使周公深刻体会到：幼主继位的情况是非常危险的。

所以，在周公的儿子伯禽被封于鲁，到遥远东方的商奄故地去开辟局面的时候，便一方面采取"革其俗，变其礼"这种断然的文化征服办法，以威慑殷人的残余势力和土著部族，另一方面又采取了一代传弟、一代传子的君位继承方法，以保障继位的君主均为成人，从而避免幼主在位的危局。因而，我们今天在《史记·鲁周公世家》中所看到的，便是鲁国在西周时期的相当长一段时间内曾经实行过"一继一及"的君位继承制度。当代有的学者曾因此而认为这种现象说明了当时的婚姻形态仍然处于相当原始的状态，其实毫不相干。

尽管在实际的历史中存在着种种例外的情况，但从总体来看，周代至少在理论上是明确规定了嫡长子继承制的。这就是《左传》襄公三十一年所说的："太子死，有母弟则立之，无则立长，年钧择贤，义钧则卜。"意思是说：倘若太子在未即位时死去，那么应当立他同母的兄弟为太子；倘若没有同母的兄弟（意指国君正妻所生嫡子只有一人），那么就应当立庶子中最年长的为太子；倘若庶子中有两人年龄一样，那么应当立其中贤能的一位为太子；倘若年龄与贤能程度都一样，那就只好通过占卜，由神意去裁决了。

这就是周代的君位继承原则。而根据我们的分析，其中最为重要的就是区分嫡庶，嫡长继承只是嫡庶制度最完善的表现形式。

区分嫡庶，是周人宗法思想中最具关键意义和深远影响的伟大发明。"嫡庶者，尊尊之统也。"所谓"尊尊"，也就是分别嫡子和庶子的尊卑，庶子对于嫡子必须"尊"之。

殷人尽管没有总结出明确系统的宗法思想，但他们实际上的宗法原则是"亲亲"，也就是依照血缘的远近来决定不同身份的人在宗族中所占据的地位。如前所述，商王各个配偶的身份并没有后妃妻妾的区别，故就血统而言，众子的地位都是相等的。所以，在理论上凡是王之亲子均有继位的权利。直到商末帝乙在位时，才有区别王配等次的表现：作为帝乙长子的启由于"母贱"即地位低下，因而帝辛得立为太子。但此时已经接近商亡了。

而周人在宗法关系政治化的过程中，不但把殷人已经实行但尚未明确总结的"亲亲"原则观念化，更明确地在思想上和制度上区分嫡庶，提出了"尊尊"的原则，把宗族内部本来因血缘亲疏相同而居于同等地位的人进一步依嫡庶身份的不同而划分为不同的等级，从而使宗族内部的等级关系更加复杂、细密和固定，并通过"礼"的强制约束使这种等级关系制度化。

嫡庶制度的建立不但是一种制度的变革，还导致人们的心理素质发生变化。就心理素质变化的意义而言，嫡庶制度建立的最重要结果，在于使宗族内部及与之有关的姻亲之间的人际关系大为复杂化，它不仅表现为嫡子与庶子之间的关系，而且牵涉到大宗与小宗、大宗的族人与小宗的族人、妻与妾、妻的亲属与妾的亲属、妻妾的亲属与不同等级的各类族人之间的层层关系。1998 年夏，笔者给美国亚利桑那州商学院的学生讲述中国文化，为说明中国文化具有角色观念细化和角色意识发达的特点，曾以英语中包括哥哥和弟弟的 brother 为例，指出中国语言中不但有兄、弟之分，而且兄、弟更有表兄表弟、堂兄堂弟之分，表兄弟又可分为姑表、舅表乃至"一表三千里"之表，堂兄弟亦可分为"五服内"之堂与"五服外"之堂。由此不难看出中国社会人际关系中角色观念的复杂。

从宗族关系来讲，尽管"大宗"在名义上的限定比较严格，但是这种制度一旦实行，那么在每一个宗族的内部，除了继承始祖的主系之外，其他各旁支宗系在事实上都兼有大宗小宗的双重地位。例如，继曾祖的宗系对于继高祖的宗系来说是小宗，但对于继承祖父的宗系来说就是大宗。同样，继承祖父的宗系虽然对于继曾祖的宗系来说是小宗，但对于祖父其余众子的宗系而言就是大宗。

从个人关系讲，属于不同宗系、处于不同等级的人，由于各自依据自身的血缘与嫡庶地位而与宗族中的其他人具有不同的尊卑亲疏关系，所以必须分别按照尊卑亲疏关系的不同，对于地位不同的族人和姻亲采取各不相同的态度，遵守各不相同的礼仪，拥有各不相同的权利和义务。

这种复杂而制度化的等级关系，必然大大强化人们的角色意识。所以，当周人的宗法制度在实际上臻于完善，并于理论上总结出"尊尊亲亲"的原则之后，宗法性角色观念的产生便具备了成熟的条件。

角色意识的强化和角色观念的产生，反映了心理素质的变化。具有极强的角色观念和角色道德，是华夏文化和后来的汉文化区别于其他文化的最显著特点。我们在前面的论述中已经说明，这种角色意识的强化是通过嫡庶制度的建立和宗法政治化所导致的王权强化过程来实现的，而在这种王权强化的过程中，神权自然而然便走向衰落了。

3　神权衰落，人文主义精神发展

僻处西陲的"小邦周"得以战胜"大邦殷"，主要是由于周人自身的努力、殷王的腐败昏庸及殷贵族的解体。胜利的周人从殷周双方成败的经验中总结出如下教训：

第一，"天命"是不可倚恃的，可倚恃的唯有自己的努力。倘若自己不争气，而把希望一味寄托于神灵的佑护，那么到头来终会失败。

第二，人心的向背对于事业的成败具有至关重要、举足轻重的决定作用。这里所说的人心既包括殷周两族的人心，也包括其他同盟与国乃至犹豫观望者的人心。殷周决战之前，由于殷王的狂暴昏聩倒行逆施，原来服从"大邦殷"的盟邦纷纷背叛。《左传》襄公四年所说的"文王率殷之叛国以事纣",《论语·泰伯》所说的文王"三分天下有其二",《尚书·泰誓》所说的"纣有亿兆夷人,离心离德",反映的便是这一事实。殷周决战之际,周人同仇敌忾士气高昂,殷人则阵前倒戈作鸟兽散,反映的是同样的事实。这说明:无论是本国还是与国,殷王都已丧失人心,其失败自然难以避免。这种亡国教训的警示作用是刻骨铭心的,它使周人心目中的神灵地位下降,而人文主义精神则有了长足的发展。

根据对文献和考古材料的研究,我们有理由相信:殷商时期立国于西北的周民族,就总体来看,其文化发展大致与殷人处于同一水平,至少不比作为盟主的"大邦殷"更为进步,平实的估计应当是略微落后于殷人。富有说服力的证据便是:连周人自己也明确承认"惟殷先人,有册有典",并不讳言殷人在文化上的先进地位。

但是另一方面,落后的周人于艰苦图存的历史之中,由于自身的独特地位,又形成了殷人所没有的另外一种文化优势,即具有开放的、人文主义的文化精神。

周族自其民族形成的早期,由于自身的弱小,而且一直处于被戎狄部落包围、强敌环伺的环境之中,故而作为周族主干的姬姓族,便依靠与姜姓族以及其他族姓的通婚关系来扩大力量,并且特别注意与友好族邦的联系,以维系生存。到了殷代中晚期,以岐下为活动中心的周族又与西北甘、青地区处于青铜文化阶段的民族发生密切接触，在血缘与文化上相互融合①。在这种与生存状态息息相关的客观环境下，姬姓族虽然始终是周民族的主干，但它的血亲独尊与排外意识并不十分强烈，而能够在政治上与异姓亲族相亲善，通过累世通婚以"结甥舅之好"和其他种种办法，与别的姓族和民族长期和谐相处。文王时期的"平虞芮之讼"，就是典型的例子。史载周文王由于处事公正，善待友邦，因而获得邻近部落族邦的信赖和尊重，凡是族邦间有了争执，都来请文王仲裁。由此不难了解周族与邻近族邦间的友好关系。

相反，我们在殷人的甲骨卜辞中，就看不到作为统治族的子姓商族与其他异姓亲族存在着世代通婚的关系，反而处处体现着子姓商族在商民族共同体中的优越地位。至于整个商民族与其他族邦方国的关系，更是主要建立在武力征服的基础上。商人当然也把贵族联姻作为政治上拉拢盟邦的一种手段，但在这种贵族联姻的过程中，商族居高临下以势压人的色彩是十分强烈的。例如：甲骨卜辞中屡屡有"呼取女"的记载，就带有明显的强制命令的意味。

同时，周人由于自身的弱小，切身的经验告诉他们：人为的实际努力远较向神灵祈福更为有效。

前面说过，殷人之所以重神，特别是尤重祖先神的一个主要的现实原因，就在于他们对历代祖先赫赫

----

① 参看朱凤瀚著《商周家族形态研究》，天津古籍出版社，1990。

武功的深刻印象，以及对自身强大的充分自信。历代祖先东征西讨的光辉业绩，数百年来始终高居于众多族邦方国之上的优越地位，养成了殷人时刻自感"我们是最强大的"这样一种根深蒂固的认识，从而不断增强他们对佑护其民族的上帝及祖先诸神灵的强烈崇拜和信仰。当这种崇拜和信仰发展到极致，到了事事须向神灵请示、"每事必卜"的程度的时候，便在无形中形成了殷人思想上的沉重包袱，限制了他们的自我行为能力和主观能动性。

而弱小的周人则没有这种包袱。近年来，考古工作者在陕西周原地区发掘出土了与河南安阳的殷墟甲骨相类似的、周人代殷以前的先周时期占卜甲骨，说明周人也用占卜来测知神意。但是，周原甲骨无论在数量和内容上都远不能与殷墟甲骨相比，这又说明：神权在周人心目中本来就不具有如殷人心目中那种至高无上的地位。根据《左传》的记载，当时人对于占卜作用的认识和态度是"卜以决疑，不疑何卜"，这是农业民族所固有的"实用理性"的鲜明反映，应当是周人的一贯思想。它表明：周人行事一般是根据自己的判断，只有在犹豫不决无法判定或意见分歧时才向神灵请教。前面谈到的周人继承制度有"年钧择贤，义钧则卜"的原则，体现的是同样的思想。

这种开放的、轻鬼神重人事的人文主义文化精神，在周人克商以后有了更大的发展。关于这一点，在周人对"神"与"民"以及二者间关系的认识上得到了充分的体现。在《尚书·周书》各篇中，保存了许多周初统治者感慨天意难测的话，如讲"天命靡常"、"惟命不于常"等等，甚至直截了当地表示"天不可信"，即认为作为抽象化的至上神"天"的意志是难于捉摸的，"天"的佑护是不可倚仗的，表现出对天神的强烈怀疑和不信任。

另一方面，周人尽管不像殷人那样沉溺于对神灵的无限崇拜，但是，作为那个时代的人类所必然具有的思想局限，使得他们确定无疑是当然的有神论者，他们不但不可避免地仍然要对神灵怀有一定的信仰和敬畏，而且，现实的政治需要也要求他们必须建立一种代表神意的理论作为精神支柱，来说明自身统治的合法性。

所以，周统治者在感慨天命无常的同时，也时刻不敢或忘地强调"畏天之威"，宣扬周人的胜利是由于"受天明命"、"受天有大命"，而殷人的败亡则是由于天"坠"其命，天"革"其命。

我们在《周书》的许多篇章中，都可以发现周人对待"天"和"天命"的这种矛盾认识。而周人解决这一矛盾的方法，是把它统一到对待"民"的态度上。他们认为："民之所欲，天必从之。""天视自我民视，天听自我民听。"在周统治者看来，神灵并不直接干预人事，但在人的所作所为中，却在在体现着冥冥中的神意。"天"的意志是和"民"的意志一致的，"民"乃是天神与地上的统治者之间的一种中介。统治者只要能够使"民"满意，那么也就等于使"天"满意了。因此，"大邑商"的败亡归根到底是由于倚仗天的佑护而"自弃其民",结果反而因为民的不满而失去了天的佑护。而周的成功则在于"吊民伐命",即代表"民"的愿望去"革"殷之命,故而"天降大命",将地上的统治权从殷人手中收回,转付与周人。

这就是周人的"敬天保民"思想。

"敬天保民"思想,究其实,仍然是周人早已具有的轻鬼神、重人事的思想,是这一思想在周初特定环境中的体现和发展。所谓"敬天",其实就是给神灵以表面上的尊崇地位,却不使它在实际上干预人事。这与殷人那种极端迷信神灵的做法确有本质的不同,但也很难讲是不敬神灵,而是对神灵的作用有了更加切实和深刻的认识。孔子后来说的"敬鬼神而远之",实质上就是继承了周人这种于灭商之前就已具有,灭商之后又极大地发展了的轻鬼神、重人事的人文主义精神。

这种精神,不但使周统治者在代殷之前和代殷的过程中特别注重本族内部及本族与友邦的团结,而且使他们在代殷之后也格外注重以谋求人际关系的和谐来稳定统治。周统治者之所以能够对灭国的殷人以及殷的盟国的遗民采取"宅尔宅,田尔田"的宽大政策,与他们这种重安定、重人事、重人际关系和谐的指导思想是分不开的。

通过前面的叙述,我们不难得出这样的概括:

殷商时代是神权统治的时代,王权较弱,宗法制度初具规模。周代则相反,神权远逊于世俗的王权,宗法制度非常发达,宗族之外的社会人际关系也受到重视。这一事实也许说明：神权强大的社会重视神人关系，而王权强大的社会则重视人际关系。如果人类社会的目光主要投注于人神关系，那么人际关系的思想便很难发达。如前所述，当周人的宗法制度在实际上臻于完善并于理论上总结出"尊尊亲亲"的原则之后，宗法性角色观念的产生便具备了成熟的条件。同时，由于重人事的人文主义精神的发展，形成了周人注重社会人际关系和谐的思想，这又为社会性角色观念的产生提供了条件。

4 追颂文、武与"孝"、"德"观念的产生

周人既然已经提出抽象的"尊尊亲亲"宗法原则，就必然要有与之相对应的角色观念，才能使这一原则具有实在的内容。"尊尊亲亲"本来就包含有两个方面的含义：一方面，从客观规范讲，它强调人们的族内地位有尊卑亲疏的区别；另一方面，从主观追求讲，它要求人们必须"尊敬地位尊荣的人，亲近血缘亲密的人"。这样，就使得外在的社会规范与内在的价值之源合为一体。宗法性角色观念的作用，就在于使"尊尊亲亲"的原则在认识上具体化，是说明外在规范内化为主观追求的标志。所以，抽象的"尊尊亲亲"原则与观念化的角色意识，应当是完整的宗法思想体系中的两个相关的组成部分。周人最初提出的宗法性角色观念有两个，一是"孝"，一是"友"。早期的

"孝"观念具有多义性（详后），"友"则是专指同宗兄弟间的友爱关系。

另一方面，由于殷人是采取地缘与血缘相结合的、依地缘血缘聚居的方式，所以殷代的人际关系主要表现为血缘人际关系。不独"大邦殷"是如此，殷代众多的族邦方国无不如此。而周代的封国则是在打破旧式部族方国血缘界限的基础上，以周王"授土授民"的名义赐予，各部族混合居住，而以周人为统治族的新型国家，所以血缘人际关系之外的社会人际关系也复杂起来。

特别是，由于周人从历史上就有重视族际关系和谐的传统，这一传统由于灭商以后现实的政治需要而进一步发展，它从另一个角度强化了周代的人际关系思想。这使得周人在提出"孝"、"友"这样的宗法性角色观念的同时，又提出了针对全社会的社会性角色观念——德。"德"是出于现实的社会与政治目的的考虑，主要作为特别为"君人者"亦即统治者设计的社会性角色观念而提出来的。对此，我们在后面还要论述。

以上两个方面的作用，即周初改革之后所导致的血缘人际关系与社会人际关系的复杂化，当然是促使周人产生观念化角色意识的主因。但是，倘若就"孝"、"德"这些观念产生的直接原因来看，则是出于周人对于周文王和周武王这两位杰出领导者的功绩的追颂。而伟大的政治家周公旦则巧妙地利用了周人对于文、武二王的景仰和追思，把它与他所推行的政治改革和礼乐制度建设紧密地结合了起来。

周以一个弱小的民族，而能内依族人的精诚团结，外依友邦冢君的联合一致而战胜"大邦殷"，除了其他方面的原因之外，很重要的一点是由于文、武二王的卓越领导，所以，胜利的周人对于文王和武王自然极为尊崇感戴。我们在至今出土的众多周代铜器的铭文中可以看到，颂扬文王武王、"追孝文武"的赞辞比比皆是，而对此前的周人祖先的功绩则很少记载。不单金文，文献记载表现的也是同样的情况。无论《尚书》或《诗经》，大量的言辞都是称颂文、武二王，只有少量诗篇记载了后稷、公刘、古公父等寥寥几个于周族历史上作出过杰出贡献的人，这充分体现了文、武二王在周人心目中的崇高地位。

而"孝"观念的产生，应当与此有直接关系。

按照《说文解字》的解释，"孝，善事父母者"。这是春秋以后由于意识形态发达导致角色观念细化，而形成的对"孝"观念的专门限定。西周金文中出现的"孝"观念，其意义最初则有多种。其中最重要、表现得最多的一种，就是对文、武二王业绩的思念和效法。像"追孝"、"享孝"这类于周代金文中反复出现的词亦即所谓的"金文恒语"，往往都是与"文武"连文。

如"追孝"，其含义有两重：一是指"追法"，即遵从效法；二是指"追颂"，即追思歌颂。

再如"享孝"，意思是指在祭祀中表达对祖先的思念和效法。

与此相类的其他一些金文词语，像"孝祀"、"孝祭"、"用享用孝"、"用追享孝"等等，都是同样的意思，表达出周人对文、武二王的深深怀念、感激、崇敬和爱戴。

除了这一意思之外，西周时代的"孝"观念还有其他一些含义。比如《叔多父盘》的铭文中所说的"孝妇"，是指妻子敬待丈夫；《兮熬壶》铭文中的"享孝于大宗"，是指小宗对大宗的尊奉；《伯簋》铭文中的"孝朋友"①，据学者考证，"朋友"的早期意义是指宗族兄弟②，所以"孝朋友"是指善待同宗的兄弟。

从以上所举的例子中可以看出，西周时代的"孝"的意义虽有多种，但共同点在于都是体现宗族内部人际关系的一种角色观念，属于宗法思想。"孝"观念在西周时期的多义性，说明当时角色意识的观念化尚处于初始阶段，所以一个词中包含了多种意义。

这一时期，与"孝"观念同时产生的另一个属于宗法思想的角色观念是"友"。所谓"友"，指同宗兄弟间的友爱、和睦关系。著名的周代铜器《墙盘》的铭文中有"惟辟孝友"的话，便是指在宗族人际关系中应当遵行"孝"和"友"的原则。十分意味深长的是，当其他细致具体的角色观念尚未产生的时候，周

---

① 《伯簋》"孝朋友"之"孝"，本字为"好"，杨树达、郭沫若二先生均认为是"孝"，极是。

② 参看钱宗范著《周代宗法制度研究》，广西师范大学出版社，1989，第120页。

人却于本来已经包含有"善待同宗兄弟"之义的
"孝"观念之外，单独提出了"友于兄弟"的思想，
以"友"这一宗法性角色观念来特别表现，这说明了
周人对于兄弟关系的特殊重视。

何以如此？从正面的经验来说，周人从自己代殷
取天下的经历中深深体会到：族人团结是自身强大的
基础，而族人团结首先必须依赖兄弟和睦；反之，宗
族的内乱则往往是肇始于"兄弟阋墙"。取天下之后，
由于宗法政治化，而使"宗统与君统合"。这样，通过
"结好兄弟之国"，共同效命于周天子，来共同维护实
力并不雄厚的周族宗法家天下的统治，对于周人的安
危更具有至关重要的意义。

从反面的教训来说，周人对于帝纣由于"昏弃厥
遗王父母弟"而导致内部离心、终于败亡的"殷鉴"
印象极深，这就从另一面使他们更加深刻地认识了兄
弟团结的重要意义。

"孝"、"友"等宗法性角色观念的提出，标志着
殷周文化出现了具有本质意义的重大差异。

关于这种差异的内容，我们可以从《尚书·康诰》
中清楚地看到。《康诰》是周公旦封同母幼弟于卫时训
诫他的诰辞。由于康叔所封之地为殷墟，所以诰辞的
主要内容为教导康叔如何统治殷遗民的方法。其中有
这样一段意义深刻的话：

　　王曰："封！元恶大憝，矧惟不孝不友。子弗
　　祗服厥父事，大伤厥考心；于父不能字厥子，乃

疾厥子；于弟弗念天显，乃弗克恭厥兄；兄亦不
念鞠子哀，大不友于弟。惟吊兹不于我政人得罪，
天惟于我民彝大泯乱。曰：乃其速由文王作罚，
刑兹无赦！"

翻译成白话文，意思如下：

> 王说："封啊！那些犯下首恶大罪的人们，大
> 多是不孝敬父母、不友爱兄弟的人。做儿子的不
> 能恭敬地为他的父亲做事，反而大伤他父亲的心；
> 做父亲的不能爱护其子，反而厌恶其子；做弟弟
> 的不顾天伦，不能敬事兄长；做兄长的不考虑幼
> 弟的痛苦，对幼弟很不友爱。做出这些行为的人
> 虽然没有得罪我们的官员，但上天给予我们、让
> 民众应当遵守的规范法则却被严重地扰乱了。所
> 以，你要坚决迅速地用先父文王所制定的刑罚严
> 惩他们，决不宽赦！"

这段话清楚明白地道出了殷周文化的不同：不孝不友，
于殷人并不算是犯罪，于周人则是大逆不道、必须严
惩的罪行。

殷周之际的这种观念差异，表明经过宗法政治化
与王权强化等组织与制度层面的改革之后，人们的心
理素质也开始发生变化了。

除了"孝"、"友"之外，同一时期产生的另一重
要的角色观念是"德"。

西周以前，殷人的甲骨卜辞中已经出现"德"字，但其含义是不够清楚的。有的学者认为其意义与"循"相近，有遵循的意思①。还有的学者把它解释为"与以氏族部落首领为表率的祭祀、出征等重大政治行为有关的一套行为"，"它与传统氏族部落的祖先祭祀活动的巫术礼仪紧密结合在一起，逐渐演变而成为维系氏族部落生存发展的一整套的社会规范、秩序、要求、习惯等非成文法规"②。由此可以看出，殷代的"德"也许含有"法则"、"规范"之义，但究竟是否如此，由于材料不足，现在尚无法确定。而这一概念到了西周时期，其含义就非常明确了。

在西周时期的文献与铜器铭文中，"德"往往是与"孝"连文并称。对于这一现象，侯外庐先生是这样解释的："德是先王能配上帝或昊天的理由，因而也是受命以'我受民'的理由"，"德以对天，孝以对祖"，这就是周人将德、孝并称的原因③。

侯先生指出周人以"有德"为"受天有大命"的理由，这是十分精当的见解。但是，他认为"德"的意义是在于"对天"，笔者感觉还不够透彻，犹如雾里看花，终隔一层，尚未说到问题的实质。

实际上，如前所述，在中国传统文化中，"天"是

---

① 参见日本学者岛邦男著《殷墟卜辞综述》，中国学者容庚也有类似见解。
② 李泽厚：《中国古代思想史论》，人民出版社，1985。
③ 侯外庐等：《中国思想通史》第一卷，人民出版社，1957，第90～95页。

"君"与"民"之间的中介，这也就是《左传》所说的"民，神之主也"，"民之所欲，天必从之"，"天视自我民视，天听自我民听"①。所以，"德以对天"说到底是"德以对民"。

我们仔细分析文献与金文中有关"德"的论述，就可以发现：西周时期的所谓"德"，主要是指"为君者应当具有的品质"。从客观上讲，"德"是指以"民"为主体的整个社会对于君主个人的素质要求。从主观上讲，"德"是指为人君者在品德上应当达到的目标。这就是郭沫若先生曾经指出过的："德字不仅包括主观方面的修养，同时也包括着客观方面的规范。"②

由于"德"是整个社会对君主个人的素质要求，所以，它的应用范围要较体现宗族人际关系准则的角色观念"孝"广泛得多，属于社会人际关系准则的范畴。说到底，"德"是专门为为君者亦即统治者设计的一种角色观念。

由于周人往往以"天"的名义言"德"，所以容易使人误解为"德以对天"，似乎仅仅是"天"对为君者提出的要求。其实，这不过是地上的人们借"天"的名义表达他们自身的现实愿望和要求。

周人心目中最崇高、最光辉的"有德"典范是文、武二王，尤其是周文王。《史记·周本纪》记载："西伯阴行善，诸侯皆来决平。"说周文王由于广施善行，

①　关于这一问题，可参阅刘家和先生《〈左传〉中的人本思想与民本思想》一文，载于《历史研究》1995年第6期。

②　郭沫若：《青铜时代》，新文艺出版社，1952，第22页。

在诸侯中享有巨大的威望，因此凡有纠纷争执都来找他调解裁决。《尚书·无逸》记载周公旦追述文王"不遑暇食，用和万民"，即为了使万民和睦，自己连吃饭和休息都顾不上。文王以其非凡的个人品质与人格魅力，内和族人，外结友邦，成为邦国间争端的仲裁者，从而使天下归心，这与殷纣残暴无道的独夫行为形成鲜明对比，因而被诸侯赞誉为"受命之君"，由此而奠定了周人克殷的基础。

正因为如此，后世的周统治者皆以"文王之德"或"文、武之德"作为个人修养的楷模。我们在文献和周代铜器铭文中，可以看到很多表达这种愿望和感情的文字。比如《尚书·康诰》："惟乃丕显考文王，克明德慎罚。"这是周公旦用文王的光辉事迹教训幼弟康叔，要他通过效法文王自我修德、慎用刑罚来统治殷遗民。《尚书·君奭》："天不可信，我迪惟文王德延。"指出"天"的佑护并不可以倚恃，周统治者只有努力修文王之德，才能维系统治，获得安宁。《尚书·召诰》："王其德之用，祈天永命。"说只有依靠德治，才能长久地得到上天的佑护。《诗经·周颂·清庙》中"秉文之德"，《维天之命》中"文王之德之纯"，《我将》中"维天其佑之，仪式刑文王德"，都是赞美文王之德高尚无比，只有效法遵循文王之德才能获得上天的佑护。

它如铜器铭文《毛公鼎》中"丕显文武，上天引厌其德，配我有周，膺受大命"之类，表达的是同样的意思。

如前所述，"德"是专门为统治者设计的一种角色观念。具体来讲，西周时期的典籍和铜器铭文中的"德"，其含义又可分为广义和狭义两种。

狭义的"德"，专指君主所应当具备的品质。这就是《左传》所说的"选建明德，以蕃屏周"，意为挑选具有人君品德的宗亲姻戚，封为诸侯，让他们拱卫周天子。也就是前引《毛公鼎》所说的"丕显文武，上天引厌其德，配我有周，膺受大命"。所以狭义的"德"所针对的对象，只包括周天子和各国的诸侯。

而广义的"德"所要求的对象，则包括整个贵族阶层。比如《尚书·君奭》："商实百姓王人，罔不秉德明恤。"殷周时期，唯贵族有姓氏，所以"百姓"都是贵族；"王人"则是与王同宗族的人。故"百姓王人"均指贵族。《诗经·清庙》："济济多士，秉文之德。"多士也是指贵族。因此，西周时期的"德"，是专为"治人者"所设计的一种角色。人君只有努力去修德、明德、慎德、敬德，才能上邀天神的宠幸，下得民众的爱戴。《左传》僖公五年说"非德，民不和，神不享"，是讲统治者倘若无德，那么民众就不会与他一心，神灵也不会保佑他。又说"皇天无亲，惟德是辅"，是讲上天是否保佑谁，并不是看他的血缘姓氏，而是要看他是否有德。

正因为"有德"是整个社会对为君者的要求，其范围较之宗族要广泛得多，所以周人在称颂美德的时候才往往"德孝"并称。这里，"孝"是对宗族而言，"德"则是对整个社会而言。《诗经·大雅·卷阿》：

"有孝有德……四方为则"，这是说为人君者，既要和谐宗族内部，又要孚全体人民之望，才能成为天下的楷模。

西周时期的封国，虽然不是殷商那种旧式的"一族即是一国"的族邦方国，但族姓势力与观念仍然十分强固。一国之内虽然有多个族姓存在，但是每一族仍然是采取血缘聚居的方式生活。姬姓宗族的力量是周人维系统治的中坚和支柱，所以周人要"德孝"并称。

到了战国乃至秦汉以后，在高度中央集权的政治制度之下，天子不再依靠本族为统治基础，于是"孝"便逐渐融合在"德"的中间，成为"德"的最为重要的一个组成部分而存在了。"孝"作为一种伦理道德，始终是传统道德的核心，受到统治者的极大重视。其原因即如孔子所说："为人孝悌而好犯上者，鲜有也。"历代统治者之所以喜欢强调"国家以孝治天下"，道理也就在这里。

概而言之：从社会来讲，"有德"是以"民"为主体的社会成员对人君的"角色期待"；从个人来讲，"有德"是统治者通过自我道德修养而努力具有人君必备素质的"角色意识"。

我们把以上的论述加以概括，其结论即如在前面第一章中所说的：殷周之际的政治与社会变革，从物质层面与制度层面的变革开始，而以意识形态的变革作为结束，最终体现为作为文化深层核心精神的心理素质（包括思维模式和价值取向）的变化。

殷周之际意识形态的变化，主要表现为"孝"、"德"一类观念化角色意识的产生，这是因人际关系的复杂化而导致人际关系思想发达的结果。人际关系包括两个方面，即血缘人际关系和社会人际关系。在古代社会，血缘人际关系的发达依赖于宗法制度的发达，而社会人际关系的发达则依赖于王权的强大。因此，王权与宗法制度，是导致观念化角色意识产生的两个主要条件。在周代，随着王权的强化，宗法制度也迅速地趋于完善；而同一原因促使的神权衰落使得"神意"不再具有判断与决定一切事物的地位，人们无法主要依靠"人神关系"和神的裁决来解决大量的现实问题，从而必须把目光投注于人间。

这些具有重大意义的变化，导致了血缘人际关系思想和社会人际关系思想两个方面的同时发展，并由此而产生了"孝"、"德"等观念化的角色意识。"孝"、"德"等观念在西周的出现，意义是非常重大的，作用极其深远，并一直延续到现在。它要求作为社会的一个细胞和单位个体的"人"，必须具有力求遵守群体规范、自觉考虑群体反应的主观要求。从此以后，华夏民族便开始作为一个具有鲜明文化心理特征的"稳定的人们共同体"而逐步走向形成。

也正是在这同一时期，就中华民族的主体而言，如殷商及其以前那样的神权时代和单纯崇拜权威的"英雄时代"就一去不复返了；上至君主，下至庶民，每个人均作为其行为与群体息息相关的"互动个体"而成为群体的分子，从客观规范与主体精神上受到群体要求的有力制约。从这一时期起，华夏民族便开始形成和具有"群体本位"文化的特征，其后近三千年的变化则基本属于发达程度和具体表现的不同了。

 ## 周公"制礼作乐"：具有伟大与深远影响的社会变革

周人克殷之后两年，武王病死，其子姬诵（死后谥成王）在叔父周公旦的辅佐下继位。其时成王年幼，实际执政者是作为杰出的政治家与军事家的周公旦。

周公旦在中国历史上是一位具有极其伟大作用与深远影响的重要人物，也是后来儒家最为推崇的理想的楷模与典范，留下了许多动人的故事。史载武王病重的时候，周公曾私下向鬼神祈祷，愿以其身替死，武王因此而稍愈。武王去世以后，继承王位的成王还是婴儿，周公"践祚"代行王政。其间辅成王，诛管、蔡，平东土，营成周。他勤于王事，"一沐三握发，一饭三吐哺"，不敢稍有懈怠，由此而使新生的周王朝趋于巩固。成王成年以后，周公又"还政于成王，北面就臣位"，态度恭谨，恪尽人臣之礼。据说成王年少时也曾病重，周公又一次向鬼神私祷，愿以其身替死，成王因而病愈。成王亲政以后，有人诋毁周公，周公为避嫌而奔楚。后来成王发现了周公向鬼神私祷的策书，深为感动，于是迎回周公。

这些赞誉之中也许夹杂有不少后世儒家的美誉之词，事实的真相很可能绝非这样美好。对此，当代的学者也曾作过不同的分析。然而不管怎样，周公必定是一位具有雄才大略而且极富个人魅力的人物。特别是他对周代制度的建设，其历史作用与影响是极其深远和伟大的。

武王在位时戎马倥偬，万事草创，代殷之后不久便溘然长逝。所以，周初的所有重大变革与建设，实际上都是由周公旦完成的。若干年之后，孔子曾经用衷心赞美的语言称颂过周代文化与制度建设的功绩，说："郁郁乎文哉！吾从周。"感慨周文化博大精深的厚重底蕴，并用"甚矣吾衰矣，吾久不复梦见周公"这样高度推崇的话，来表达他对周公的景仰。

周公旦所实行的第一件具有伟大意义的改革，便是"封建亲戚，以藩屏周"，其意义与作用已如前述。据《左传》僖公二十四年富辰所述，"昔周公吊二叔之不咸，故封建亲戚，以蕃屏周。管、蔡、郕、霍、鲁、卫、毛、聃、郜、雍、曹、滕、毕、原、酆、郇，文之昭也；邘、晋、应、韩，武之穆也；凡、蒋、邢、茅、胙、祭，周公之胤也"。《荀子·儒效》言："（周公）兼制天下，立七十一国，姬姓独居五十三人。"可知古人皆将"封建亲戚，以蕃屏周"的实施者归为周公。富辰所说"吊二叔之不咸"，指管、蔡勾结武庚叛周，其真正的着眼点是在于殷顽民的残余势力，不使其死灰复燃。

周公封建诸侯的结果，实际是使周人在广袤达数千里的区域之内建立了数十个力量强大的武装殖民点，虽然在每一个殖民点的周围仍然是敌对势力密布，但这些诸侯之间却是以共同的"华夏"自居，同气相求，遥为呼应，并尊奉周王室为共主。从而，一大部族之"大邦"周围是众多非本部族的"小邦"的局面开始被改变，"天下"的观念由是而形成。

"天下"的直观意义便是"溥天之下"，概指极其广大的地区，"凡天之下的土地无所不包"。部族社会时代，一部族无论怎样强大，其直接的生存繁衍之地也只能是有限的区域，之外自然是其他部族的生存繁衍所在。故强大的部族可以自称"大邦"、"大国"、"大邑"，却不会自称普天之下都是其生存所在。但周公封建诸侯的结果，却使周部族的生存远及广阔辽远之地，这些生活在遥远地域的周部族共同听从周王的号令并承认是周之臣属，由是而有"溥天之下，莫非王土"的认识。当这种认识不断巩固之后，以宗法制度维系与治理天下的周王便有了自视为"上天之子"的自信。在我们至今所能看到的金文材料中，具有"天降命于君谓付以天下"意义的多义的"令"（命）字和"天子"的概念之所以在康王以后的铜器中才能看到，原因即在于此。

周公用"封建亲戚，以蕃屏周"的方法，将周人的统治扩展至极广大的地区。而他用以凝聚诸姬及姻亲诸侯使之尊奉周室的办法，便是以一整套体现宗法等级制度的礼仪规范来约束这些诸侯。这套等级制度的建立，就是后人所说的"制礼作乐"。

周公"制礼作乐"的内容，涵括极广，大至天子诸侯间以及其他各级贵族间的权利义务、礼仪规范、等级制度，小至社会生活的方方面面，无不包容在内。这些新建的礼乐制度，在周人原有礼俗制度及殷人旧礼的基础上充实完善、发展提高，成为细密而严谨、繁复而有序的一整套礼仪制度规范，从而使原本远逊于"有册有典"的殷文化的周文化，蒙上了厚重浓郁的高度发达的文明色彩。由是而使数百年后的孔子由衷地发出了"周监于二代，郁郁乎文哉！吾从周"的赞美。所谓"周监于二代"，是指周人吸取了夏商两代的经验和教训，而有所变革创新。这既包括"封建亲戚，以蕃屏周"，也包括"制礼作乐"。

周初的政治制度改革和周公的"制礼作乐"所创造出来的文化，显然已经远远高于和超出了任何一个部族所能够创出的文化的水平，使中国历史从此走上了一条迥异于其前的族邦结构社会的崭新发展道路。它使生活于广大地域的人们开始突破狭小的血缘组织的桎梏，而形成一种以语言文字、道德伦理和风俗习惯等文化认同为纽带的、强固紧密的精神凝聚力量，从而有了不断向更高社会阶段发展的现实基础。它具有强大的吸引力和感召力，使一个来源多样、由多个古老的"血缘民族"组成的政治共同体逐渐有了共同的心理上与文化上的牢固的认同感与归属感。

由此而反观那些血缘上同出一源、本来似乎应当更加具有融合条件的九夷、九黎、三苗、诸羌之类，却全都因为无法打破部族社会的桎梏而未能成长为统一的血缘民族共同体，当能更加深刻地体会到部族结构对于人类社会进步和发展的束缚。

同样，我们也就不难理解，本来属于同源血亲的日耳曼各部族和斯拉夫各部族，在他们征服了衰落的罗马帝国之后，何以并没有逐渐凝聚和形成统一的日耳曼国家和斯拉夫国家，反而却以部族为基础发展为多个新的民族国家。其原因即在于：低水平的部族文化不可能创造出高凝聚力的文化民族共同体，一旦由于生存环境的差别经时间的推移而造成的文化差异越来越大，其原有的共同血缘纽带的作用便日益显得微不足道了。

相反，生存于广大地域的汉民族（其前身就是先秦时期的华夏族），尽管不同地方的汉人其体征、语音乃至风俗习惯都有极大的差异（这是令许多西方人类学者极为惊诧的），但以高度发达的和内涵极为丰富的汉文化的共同语言文字与文化精神（特别是作为其核心内容的"群体本位"的思维方式和价值取向）为基础的民族意识，却使生活于不同地域的汉族人具有牢固的文化归属与心理认同感，从而创造出在整个人类历史上独一无二、在两千多年的漫长时段内始终作为中华民族的主干和核心而存在的历史。

6 从"昭王南征而不返"
到平王东迁

周初文献中出现的"有夏"、"区夏"，主要在于强调以周邦为首的诸侯在政治与军事上力量的强大，周系诸侯以"有夏"、"区夏"自别于其他不属于其政治势力的部族邦国，形成一特殊的以周王室为尊的国家群体。而当周人经过"制礼作乐"的文化改造之后，他们又以"诸华"自称，其意义则主要在于强调周王朝及周系诸侯相对于其他夷狄之邦的文化优势。

在"华夏"的概念出现以前，戎狄蛮夷之类的称呼本无任何贬义，不过是为区分族属来源的不同而已。本书的第二章曾经分析过尧舜时代文化上相对先进的部族方国联合排拒文化落后的部族方国的事情，这就是所谓的舜举"八元"、"八恺"而"逐四凶"。至夏代，有以不同的"氏"所代表的不同族邦的区别；至商代，有以不同的"方"所体现的不同方国的区别。但无论夏商时代，均无所谓"华夏"与"夷狄"的区别。如本书前面所述，卜辞中的"沚方"是与商王朝关系密切的一个方国，武丁时期的卜辞记载沚方的首领彧经常配合商人采取军事行动。卜辞中还有沚方的首领向商王报告其领土被土方等敌对方国侵犯的事，说明土方为商王朝的宿敌，而沚方则与"大邑商"关系密切，这应是确切无疑的事。但"大邑商"与沚方之间并无任何表示其特殊关系的称谓，而土方之类敌对的方国也并无"夷狄"之类显示区别的名称。直至周初的大变革之后，"华夏"观念与"华夷之辨"思想方始出现，它标志着超越部族意识的"大文化观念"的产生，"文化民族"亦在此基础上超脱于"血缘民族"的藩篱而趋于实现。

据《左传》昭公二十六年记载王子朝所追述的西周早期历史："昔武王克殷，成王靖四方，康王息民，并建母弟，以蕃屏周，亦曰：'吾无专享文、武之功，且为后人之迷败倾覆，而溺人于难，则振救之。'至于夷王，王愆于厥身。诸侯莫不并走其望，以祈王身。"又据《史记·周本纪》的记载，武王克商以后，曾"纵马于华山之阳，放牛于桃林之虚；偃干戈，振兵释旅：示天下不复用也"。成康时期，"天下安宁，刑错四十余年不用"。此一时期虽有"东伐淮夷，残奄"、"袭淮夷"诸举措①，但总体来看局面相对安静。不过，由"东伐淮夷，残奄"、"袭淮夷"这类的举措亦不难看出，当时周王朝所面临的最大问题，就是如何应对周系诸侯之外的夷狄部族的威胁。康王时期的铜器《小盂鼎》铭文，记载周人与鬼方之间曾有激烈战争，周师斩首4800余，俘虏13081人，足证此次战争具有相当规模。此外，《小子生尊》、《伯簋》等铭文均记述了有关周师"伐南国"的事情。《竹书纪年》康王十六年记："锡齐侯命，王南巡狩至九江庐山。"从中不难窥见周势力向南方扩张而与南方的蛮族部落发生冲突的事实。

前引《左传》昭公二十六年记载王子朝所追述的西周早期历史，述及康王之后即一跃而至夷王，其间的昭、穆、共、懿、孝诸王皆无闻。但从其他文献的记载来看，此一时期特别是昭、穆时期，重要的史迹

① 淮夷自殷末即长期与周人为敌，且自西周穆王时期逐渐强盛，穆、厉、宣、幽四世屡与周人构兵，甚至还内侵至于伊洛地区。周人且屡有失败，如文献所言"厉王无道，淮夷入寇，王命虢仲征之，不克"，即是明证。至宣王时期淮夷方始平定，而此时猃狁（即犬戎）之患又起。

颇多。

　　昭王时期最重要的史事，即是《史记·周本纪》所说"昭王南巡狩不返，卒于江上"，然而语焉不详。《竹书纪年》则有较为具体的记载："（昭王）十六年，伐楚，涉汉，遇大凶。十九年，祭公辛伯从王伐楚，天大曀，雉兔皆震，丧六师于汉，王。"《左传》僖公四年亦有一条相关记载，在管仲对楚人问罪的话中述及此事，可以作为反证："昔召康公命我先君太公曰：'五侯九伯，女实征之，以夹辅周室。'赐我先君履，东至于海，西至于河，南至于穆陵，北至于无棣。尔贡包茅不入，王祭不供，无以缩酒，寡人是征。昭王南征而不复，寡人是问。"楚人的答复是："贡之不入，寡君之罪也，敢不共给。昭王之不复，君其问诸水滨。"说明昭王南征而死于汉水，的确是一件确凿无疑的事情，但是死因则不甚清楚，否则管仲不致有此问。而从楚人的答辞来看，似乎此事与楚人并无关系。

　　此一时期，华夏诸国与戎狄之间在北方的斗争亦时有发生。据 20 世纪 70 年代出土的《臣谏簋》铭文，谓"戎大出于，井侯搏戎"[1] 云云，言戎"大出"，可知其规模必然不小。

　　昭王十九年，于南征途中死于汉水，其子满继承王位，是为穆王。穆王即位时已经 50 岁，但他的游兴甚高，据说曾巡游天下。《左传》昭公十二年载："穆

---

　　① 参见李学勤、唐云明《元氏铜器与西周的邢国》，载于《考古》1979 年第 1 期。

王欲肆其心，周行天下，将皆必有车辙马迹焉。"《穆天子传》以穆王为主人公，描写其驾八骏马游历昆仑山见西王母的故事，虽属小说家言，然亦可见穆王喜游历的名声之著。

穆王时代，北方的犬戎日益强大，使周王室逐渐感到其威胁，遂有穆王伐犬戎之举①。据《史记·周本纪》，此次伐戎似乎是出于穆王的主动挑衅，大臣祭公谋父因此而力谏，但事实的真相很可能并非如此单纯。祭公谋父所分析的犬戎"率旧德而守终纯固，其有以御我矣"不幸而言中，周师伐戎果然无功而返（仅获四白狼四白鹿），这曲折地反映出北方戎狄的势力已经逐渐强大。

穆王之后，共、懿、孝、夷四王相继在位。此一时期，北方戎狄力量的强大之势更加明显。据《竹书纪年》，懿王二十一年，周师北伐犬戎；至夷王七年，周师复北伐太原之戎。《汉书·匈奴传》言："懿王时王室遂衰，戎狄交侵，暴虐中国，中国被其苦。"当是北方戎狄威胁日盛情况的真实写照。

如前所述，"华夏"与"华夷之辨"的观念最初形成之时，反映了周人的文化自信。西周初年，当周人还在讲"惟殷先人，有册有典"，承认殷人在文化上的优势的时候，他们就以"有夏"、"区夏"自称了。

---

① 犬戎即猃狁，属西羌。据文献记载，其名又叫畎戎、太原戎、姜氏戎、西戎、允姓戎、陆浑之戎、阴戎等。关于猃狁问题，学者研究较多，除王国维、蒙文通等外，近年如沈长云、尹盛平、彭裕商等均有深入研究。

这就是《周书·康诰》所说的："惟乃丕显考文王……用肇造我区夏，越我一二邦，以修我西土。"不难看出，"区夏"即指包括周人及其一二友邦的整个"西土"。"夏者，大也。"这说明周人已经初步具有政治力量上的自信。《方言》所说山、陕一带"凡物之壮大者谓之夏"，正是保存了"夏"的本义。而"华"字作为周人及其所属诸侯的代称则出现得较晚，虽然具体时间不清楚，但无疑是在周公"制礼作乐"之后。这说明周人通过一系列的文化建设，已经创造出迥异而又高于殷人的礼乐文明，从而具有充分的文化自信了。

所谓殷尚质而周尚文，殷周的文质之分，体现的恰恰是文化的高下之别。孔子赞美的"郁郁乎文哉"而欲"从"之的周，指的也就是这种文化上的高下之别。的确，从高度发达的周代礼乐文化的角度去回视以质朴为特征的殷文化，确实是显得粗野而低下了。

而更为重要的是：这种高下文质之分的文化分野，绝不是仅仅体现于礼仪制度等方面的表象差异，而是深刻反映着"华夏"与"夷狄"之间心理素质的本质区别。概言之，生活于华夏文化圈的人们已经开始具备"群体本位"的文化特征，而在此之外的夷狄部落则尚不具备这种文化特征。

从现实的需要出发去考虑，所谓"华夷之辨"，反映着周王朝与周系诸侯团聚自身力量，抗拒夷狄侵扰并转而征服之，由此而扩大华夏的势力和影响的需要。"华夷之辨"的提出当在西周的中前期，其时周人既已建立优越于殷人的文化自信，而夷狄的强大势力又日益严重地威胁着周人及其所属诸侯的生存。当时的形势，正如《国语·郑语》所记载的史伯的分析：

> 当成周者，南有荆蛮、申、吕、应、邓、陈、蔡、随、唐，北有卫、燕、狄、鲜虞、潞、洛、泉、徐、蒲，西有虞、虢、晋、隗、霍、杨、魏、芮，东有齐、鲁、曹、宋、滕、薛、邹、莒。是非王之支子母弟甥舅也，则皆蛮、荆、戎、狄之人也。

由此可知，在西周中期以后直至西周晚期，周王畿的任何一方，都有势力强大的蛮、夷、戎、狄杂厕于华夏诸国之间。这种形势，一直延续到春秋以后。最严重的时候，即如《公羊传》所说："南夷与北狄交，中国不绝若线。"

周夷王以后，西周王朝又经历了厉、宣、幽三王，其间还包括十几年的"共和"时代①。这一时期的许多史事，如厉王奔彘、周召共和、宣王料民于太原等等，多为人们所熟知。一些著名的史事，如召公讽谏厉王时所说"防民之口甚于防川"的名言，幽王的"烽火戏诸侯"②之类，已成脍炙人口的故事，我们不

---

① 关于何为"共和"，一直有"周、召共和行政"与"共伯和行政"两种说法，过去学界多赞同前说，也有学者如郭沫若、杨树达、陈梦家等依《师㲃簋》铭文而持后说。

② 幽王"烽火戏诸侯"，事虽不可信，然诚如许倬云先生所说："其事颇涉戏剧化，然而至少也反映了烽燧直抵都下的现象。"见氏著《西周史》，三联书店，2001，第293页。

再赘述。

总的来看，这一时期是周王室的力量逐渐走下坡路、周天子的权威亦随之下降的时期。造成这一局面的原因则有多种。

首先是政治体制使然。西周的政治体制虽然已经突破族邦结构的局限，使古代中国社会开始了由血缘与地缘相结合的早期国家时代向成熟的地缘国家时代的转变，但它正处于这种转变的过程之中，距离后来那种天子具有无上权威、真正对所有地区实行直接有效的控制管理的中央集权王朝还很远。尽管由于有宗法分封制度的约束和共同礼仪规范乃至文化心理的制约，周系诸侯不会如殷商时期的诸侯那样动辄"不朝"甚至公然反抗，但是随着这些诸侯力量的逐渐强大，王室权威的相对下降乃是迟早要发生的事情。

其次是由于戎狄的威胁。如前所述，西周时期，华夏族所面临的戎狄威胁主要来自西方，而周王室则首当其冲。在与日益凶猛地入侵的强大戎狄势力的艰苦斗争中，周王室的力量必然要受到削弱。一方面是周王室元气大伤，另一方面是诸侯力量的不断强大（特别是像齐国那种生存环境良好而又远离西来的戎狄势力的诸侯），二者之间的关系变化与力量消长自不可避免。

第三个导致周王室力量减弱和周天子权威下降的原因，则是出现了厉王和幽王这两个昏庸无道的君主。在实行君位家族继承制度的专制时代，时或出现平庸乃至昏暴的君主，乃是再自然不过的事，企望历代君主个个"天纵英明"才是真正不可思议。过去的评论家多把厉、幽的无道视为西周倾覆的首要原因，特别是幽王即位后不久，适逢关中地区大地震，"三川皆震"，"三川竭，岐山崩"①，在后人看来无异是"上天示警"、"天人感应"，加之幽王昏庸无道、倒行逆施，自然被视作罪魁祸首。这其实是不符合历史的。首先是大环境使然，幽王所起的不过是推波助澜的作用。

公元前771年，幽王因嬖幸宠姬褒姒而废太子宜臼，欲立褒姒之子伯服为太子，由此而引发王室内部大争斗。幽王率军与宜臼母家申国及西戎等联军战于骊山，大败逃归，后被杀。申侯等立宜臼为天王，即周平王。平王以宗周遭犬戎攻入而残破，遂渡洛水而东迁到于周初营建、被称为"新邑"的成周。这标志着一个新的、被后人称为"春秋"的时代的开始。

由公元前770年平王东迁始，至公元前476年止，是传世之鲁国国史《春秋》所记述的年代，故史家称之为春秋时代。其后，自公元前475年至秦统一的公元前221年，是七个大国争衡天下的时代，即《史记·平准书》所谓"自是之后，天下争于战国"，故称战国时代。

这一时期，经历了从周王室日趋衰微，郑庄小霸，齐桓、晋文、宋襄、秦穆、楚庄相继为霸业争衡，直至齐、楚、燕、韩、赵、魏、秦七雄角逐天下，最终

---

① 《史记·周本纪》。《诗经·十月之交》言："烨烨震电，不宁不令。百川沸腾，山冢崒崩。高岸为谷，深谷为陵。"估计就是描写当时大地震的情况。

以强秦统一六国而告终的过程，其间史事的纷繁精彩，思想文化之生动丰富，令人目不暇接，叹为观止。

春秋战国时代，是中国与中华民族历史上继周初的变革之后第二个具有伟大意义的时代。如果说周初的改革使中国的古代文明突破了部族结构的桎梏而开始了向成熟的地缘国家发展的历程，那么经历了春秋战国时代的激烈变革动荡，便标志着这一发展历程的完成。

春秋战国时代，国野差异、宗法制度、阶级关系、经济结构、国家体制、社会组织、生产科技、城市规模、人口数量、思想文化与观念形态，都发生了天翻地覆的变化。经历了这种天翻地覆的变化过程，中国古代文明才最终完成了从量变到质变的过程，成为一个其不断积累的生产科技与思想文化成果遍布广大区域、为数量庞大的人们所继承和掌握，因而不会轻易回退乃至消亡的、成熟的与生命力强盛的文明形态。

由此，中国历史也开始了由典型的"早期国家时代"向成熟国家过渡的历程。

结　语　从突破族邦
桎梏的意义去认识三代历史

　　夏、商、周三代的历史，是中华民族的上古先民经过若干万年的发育成长、繁衍生息，终于突破族邦结构社会的桎梏并接近完成对今日中国疆域之内核心区域的开发与占领的历史。它对于中国的国家制度、民族精神、文化特质的形成、凝聚和延续，具有至关重要的、决定性的影响。当世界上其他古老文明无不一一走完其由发育、繁荣趋向衰亡，最终归于湮灭之历程的时候，悠久的中华文明却因这段光辉的历史而具有绵延不息的顽强生命力，从远古一直走到今天。

　　不难看出，对于中国历史发展最关键、最具重要意义的变化，是国家体制的发展。正是由于在国家体制上完成了从早期的族邦国家向成熟的地缘国家的过渡，"华夏居中，四夷在外"的多民族统一体格局才得以确立，"群体本位"文化才得以超越族邦文明的狭小范畴而成为整个华夏民族的文化精神。中华民族和中国文化传统亦因此而具有得以绵延不断地生存发展的基础，从亘古走到今天。

从这一意义上说，西周初期由周公倡导实行的政治改革，其历史影响至深至远，功绩至巨至伟。

周初的改革，使中国走上了一条迥异于其前的族邦结构社会的崭新发展道路。它使生活于广大地域的人们开始突破狭小的血缘组织的桎梏，而形成了一种以语言文字、道德伦理和风俗习惯等文化认同为纽带的、强固紧密的精神凝聚力量，从而具有不断向更高社会阶段发展的现实基础。

族邦结构社会是一个涵括广泛的概念。不但前国家形态社会组织的部落和部落联合体属于族邦结构社会，包括早期国家初始形态和典型形态的夏、商乃至西周时代，都属于族邦结构社会。世界许多民族发展的历史告诉我们：以血缘纽带为基础的族邦结构社会是一种具有极强稳定性的社会。南北美洲、非洲、大洋洲的众多民族正是由于始终未能挣脱族邦结构社会的桎梏，所以一直停留在相对落后的发展阶段。

如前所述，关于族邦结构社会具有顽强的相对稳定性的原因，不少文化人类学的学者在研究酋邦的时候已经从结构功能的角度深入地作了探讨，诸如指出其在政治技术上对于复杂的社会因素具有较强的包容能力、控制能力和适应能力，等等。并且说明：酋邦虽然具有向国家形态的过渡性特征，但它本身却是一个"特定的社会阶段"。而且更为重要的是：酋邦与国家的关系"有两种可能，一是可能向国家转化，二是可能不向国家转化"。人类在世界范围内的历史活动已经充分证明了这一点。因为在地球上有人类活动的六大洲中，除了欧亚两洲，其他四大洲中，南北美洲、大洋洲和非洲的大部分的人类社会，从亘古直至近代，始终都未能走出族邦结构社会。

南北美洲、大洋洲和非洲的许多人类社会之所以始终停留在族邦阶段，至少其中的相当一部分显然并不是由于自然环境的原因，因为上述大部分地区的自然环境并不恶劣。所以，倘若单纯应用汤因比的"挑战与回应"的理论，恐怕很难回答这个问题。这或许启示我们：要解释世界范围内的不同地域人类社会在发展进程上所表现出的巨大差异，仅仅着眼于"人与自然"的关系是不够的，同时还应从人类社会内部去寻找原因。

而若由此去进行分析，则不难发现：族邦结构的社会之所以具有一种顽强的相对稳定性，除了上述文化人类学者所分析的诸种因素之外，还存在着另一方面的原因，即：由于在族邦结构社会中每一族邦内部的血缘纽带都极其紧密而难于突破，而对于外部的排斥却十分强烈，同时格局又相对狭小，而族邦间的冲突和争斗却十分频繁，这使族邦结构社会的人口增殖缓慢，经验和知识的积累也很艰难，大量的人口、财富和科技文化积累都在狭小的族内空间和频繁的族际斗争中被淹没和消耗了。所以，族邦结构的社会对于人类物质文化与精神文化的传承具有巨大的阻碍和束缚作用。它使得在广泛地域范围内的人们的交流和联系无法充分发展，始终处于一种相对割据和封闭的状态。在族邦结构社会中，其生产经验、科技发明，特别是文化艺术的创造和政治制度革新，乃至信仰礼仪、风俗习惯，都基本为本族邦所独有，而很难在更广泛的范围内得到总结和提高。因此，直到近代乃至现代，即使是生活在极其优越的自然环境中的族邦结构社会，其变化也是极其缓慢的，大多表现为一种长期停滞的状态。

这说明，族邦结构的确是一种对于人类社会的发展有着巨大制约和局限作用的社会形态。

族邦结构社会的局限在于：它虽然也可以得到规模相当惊人的发展，但是这种发展始终被局限在族邦自身的格局之内。同一种族的不同族邦间虽然存在着由共同的血缘和文化渊源结成的联系纽带，但各具特性的族邦间的差异与隔阂却使这种联系纽带缺乏更为深固和广泛的同一性基础。至于在不同种族的族邦之间，其差异与隔阂就更加明显了。而且，就任何一个族邦而言，其自身社会与文化传统的延续都是以它所具有的武力作为生存支柱的。而族邦的武力不管多么强大，总有衰落之时。一旦武力衰落，或者碰到了一个更加强大难以抗衡的对手，这个族邦的文化也就随之衰落甚至湮灭了。

为了更清楚地说明这一点，不妨再让我们看一看在中国的历史上也曾发生过的、与玛雅文化类似的事例。现代考古的成果告诉我们，四川广汉的三星堆文化及相邻的古代巴蜀文化代表着一个久已失落的古代文明，这个古代文明曾经有过相当辉煌且极具鲜明个性和特色的过去。作为区别野蛮社会与文明社会界限的四项标志——城市、文字、金属器和礼仪性建筑，这个古代文明都已具备。但我们今天对它的确切历史却一无所知，既不知道它怎样产生和发展，也不知道它因何而灭亡。只能通过对出土的大量造型极为奇特的青铜器、有别于中原文字的古巴蜀文字①、规模宏大的古城墙和祭祀中心的残迹的考证，大略知道这是一个三四千年前的古代文明。"当着它正处于隆盛状态时，却于商末周初戛然而止，给人们留下一连串扑朔迷离的难解之谜，凸显出一大片需要填补的巴蜀古史研究的空白。"② 这表明：即使是充分发展的族邦文明，其抵御外力的能力也是相对弱的。这与华夏民族形成以后的历史恰成鲜明对照。

美洲和其他一些地域的人类社会的历史发展过程告诉我们：优越的自然环境，相当高度的科技与文明积累，都不能导致人类社会一定要向更高阶段不断发展的必然结论。生活于任何一个地域的人类社会，倘若不能突破族邦结构的局限，那么即使已经具有相当发达的文明成果，其前途依然是吉凶未卜：它有可能继续向前发展，也有可能因为某种原因而急剧倒退，甚至使原有的所有成就荡然无存。所以，我们不能因为商代的经济、科技、文化和人口较之夏代有了极大

---

① 根据学者对"蜀族铭文戈"和"巴族铭文戈"的考证，不但古巴蜀文字与中原文字不同，古蜀族文字和古巴族文字也是两种风格迥异、判然有别的不同文字。这更说明了族邦文明的狭隘性和局限性。详见屈小强等主编《三星堆文化》一书，四川人民出版社，1993。

② 见屈小强等主编《三星堆文化》序言。

的进步，便因而断言它一定会继续向前发展，正如我们不能因为古典时期的玛雅文明较之其前时期远为进步，便断言它必定会继续向前发展一样。

由此可知，不但从酋邦时代进入早期国家时代是一个了不起的发展，彻底打破"一族即是一国"的族邦结构桎梏，从而由早期国家进入成熟国家，更是一个伟大的进步。

倘若没有周初的改革，则中国历史上的早期国家阶段很可能将延续相当漫长的时期。而在周初的改革实行之后，由地缘与血缘相结合的早期国家向纯以地缘划分居民的成熟国家迈进的步伐便已开始，且其趋势不可遏止。

所以，周初实行的改革，其深远的历史意义，无论怎么评价都不为过。

《中国史话》总目录

系列名	序号	书　名	作　者
物化历史系列（28种）	24	寺观史话	陈可畏
	25	陵寝史话	刘庆柱　李毓芳
	26	敦煌史话	杨宝玉
	27	孔庙史话	曲英杰
	28	甲骨文史话	张利军
	29	金文史话	杜　勇　周宝宏
	30	石器史话	李宗山
	31	石刻史话	赵　超
	32	古玉史话	卢兆荫
	33	青铜器史话	曹淑琴　殷玮璋
	34	简牍史话	王子今　赵宠亮
	35	陶瓷史话	谢端琚　马文宽
	36	玻璃器史话	安家瑶
	37	家具史话	李宗山
	38	文房四宝史话	李雪梅　安久亮
制度、名物与史事沿革系列（20种）	39	中国早期国家史话	王　和
	40	中华民族史话	陈琳国　陈　群
	41	官制史话	谢保成
	42	宰相史话	刘晖春
	43	监察史话	王　正
	44	科举史话	李尚英
	45	状元史话	宋元强
	46	学校史话	樊克政
	47	书院史话	樊克政
	48	赋役制度史话	徐东升
	49	军制史话	刘昭祥　王晓卫

系列名	序号	书 名	作 者
制度、名物与史事沿革系列（20种）	50	兵器史话	杨 毅 杨 泓
	51	名战史话	黄朴民
	52	屯田史话	张印栋
	53	商业史话	吴 慧
	54	货币史话	刘精诚 李祖德
	55	宫廷政治史话	任士英
	56	变法史话	王子今
	57	和亲史话	宋 超
	58	海疆开发史话	安 京
交通与交流系列（13种）	59	丝绸之路史话	孟凡人
	60	海上丝路史话	杜 瑜
	61	漕运史话	江太新 苏金玉
	62	驿道史话	王子今
	63	旅行史话	黄石林
	64	航海史话	王 杰 李宝民 王 莉
	65	交通工具史话	郑若葵
	66	中西交流史话	张国刚
	67	满汉文化交流史话	定宜庄
	68	汉藏文化交流史话	刘 忠
	69	蒙藏文化交流史话	丁守璞 杨恩洪
	70	中日文化交流史话	冯佐哲
	71	中国阿拉伯文化交流史话	宋 岘

系列名	序号	书 名	作 者
思想学术系列（21种）	72	文明起源史话	杜金鹏　焦天龙
	73	汉字史话	郭小武
	74	天文学史话	冯 时
	75	地理学史话	杜 瑜
	76	儒家史话	孙开泰
	77	法家史话	孙开泰
	78	兵家史话	王晓卫
	79	玄学史话	张齐明
	80	道教史话	王 卡
	81	佛教史话	魏道儒
	82	中国基督教史话	王美秀
	83	民间信仰史话	侯 杰
	84	训诂学史话	周信炎
	85	帛书史话	陈松长
	86	四书五经史话	黄鸿春
	87	史学史话	谢保成
	88	哲学史话	谷 方
	89	方志史话	卫家雄
	90	考古学史话	朱乃诚
	91	物理学史话	王 冰
	92	地图史话	朱玲玲
文学艺术系列（8种）	93	书法史话	朱守道
	94	绘画史话	李福顺
	95	诗歌史话	陶文鹏
	96	散文史话	郑永晓
	97	音韵史话	张惠英
	98	戏曲史话	王卫民
	99	小说史话	周中明　吴家荣
	100	杂技史话	崔乐泉

系列名	序号	书名	作者	
社会风俗系列（13种）	101	宗族史话	冯尔康	阎爱民
	102	家庭史话	张国刚	
	103	婚姻史话	张 涛	项永琴
	104	礼俗史话	王贵民	
	105	节俗史话	韩养民	郭兴文
	106	饮食史话	王仁湘	
	107	饮茶史话	王仁湘	杨焕新
	108	饮酒史话	袁立泽	
	109	服饰史话	赵连赏	
	110	体育史话	崔乐泉	
	111	养生史话	罗时铭	
	112	收藏史话	李雪梅	
	113	丧葬史话	张捷夫	
近代政治史系列（28种）	114	鸦片战争史话	朱谐汉	
	115	太平天国史话	张远鹏	
	116	洋务运动史话	丁贤俊	
	117	甲午战争史话	寇 伟	
	118	戊戌维新运动史话	刘悦斌	
	119	义和团史话	卞修跃	
	120	辛亥革命史话	张海鹏	邓红洲
	121	五四运动史话	常丕军	
	122	北洋政府史话	潘 荣	魏又行
	123	国民政府史话	郑则民	
	124	十年内战史话	贾 维	
	125	中华苏维埃史话	杨丽琼	刘 强
	126	西安事变史话	李义彬	
	127	抗日战争史话	荣维木	

系列名	序号	书名	作者	
近代政治史系列（28种）	128	陕甘宁边区政府史话	刘东社	刘全娥
	129	解放战争史话	朱宗震	汪朝光
	130	革命根据地史话	马洪武	王明生
	131	中国人民解放军史话	荣维木	
	132	宪政史话	徐辉琪	付建成
	133	工人运动史话	唐玉良	高爱娣
	134	农民运动史话	方之光	龚 云
	135	青年运动史话	郭贵儒	
	136	妇女运动史话	刘 红	刘光永
	137	土地改革史话	董志凯	陈廷煊
	138	买办史话	潘君祥	顾柏荣
	139	四大家族史话	江绍贞	
	140	汪伪政权史话	闻少华	
	141	伪满洲国史话	齐福霖	
近代经济生活系列（17种）	142	人口史话	姜 涛	
	143	禁烟史话	王宏斌	
	144	海关史话	陈霞飞	蔡渭洲
	145	铁路史话	龚 云	
	146	矿业史话	纪 辛	
	147	航运史话	张后铨	
	148	邮政史话	修晓波	
	149	金融史话	陈争平	
	150	通货膨胀史话	郑起东	
	151	外债史话	陈争平	
	152	商会史话	虞和平	
	153	农业改进史话	章 楷	
	154	民族工业发展史话	徐建生	
	155	灾荒史话	刘仰东	夏明方
	156	流民史话	池子华	
	157	秘密社会史话	刘才赋	
	158	旗人史话	刘小萌	

系列名	序号	书名	作者	
近代中外关系系列（13种）	159	西洋器物传入中国史话	隋元芬	
	160	中外不平等条约史话	李育民	
	161	开埠史话	杜 语	
	162	教案史话	夏春涛	
	163	中英关系史话	孙 庆	
	164	中法关系史话	葛夫平	
	165	中德关系史话	杜继东	
	166	中日关系史话	王建朗	
	167	中美关系史话	陶文钊	
	168	中俄关系史话	薛衔天	
	169	中苏关系史话	黄纪莲	
	170	华侨史话	陈 民	任贵祥
	171	华工史话	董丛林	
近代精神文化系列（18种）	172	政治思想史话	朱志敏	
	173	伦理道德史话	马 勇	
	174	启蒙思潮史话	彭平一	
	175	三民主义史话	贺 渊	
	176	社会主义思潮史话	张 武　张艳国　喻承久	
	177	无政府主义思潮史话	汤庭芬	
	178	教育史话	朱从兵	
	179	大学史话	金以林	
	180	留学史话	刘志强	张学继
	181	法制史话	李 力	
	182	报刊史话	李仲明	
	183	出版史话	刘俐娜	

系列名	序号	书　名	作　者
近代精神文化系列（18种）	184	科学技术史话	姜　超
	185	翻译史话	王晓丹
	186	美术史话	龚产兴
	187	音乐史话	梁茂春
	188	电影史话	孙立峰
	189	话剧史话	梁淑安
近代区域文化系列（十一种）	190	北京史话	果鸿孝
	191	上海史话	马学强　宋钻友
	192	天津史话	罗澍伟
	193	广州史话	张　苹　张　磊
	194	武汉史话	皮明庥　郑自来
	195	重庆史话	隗瀛涛　沈松平
	196	新疆史话	王建民
	197	西藏史话	徐志民
	198	香港史话	刘蜀永
	199	澳门史话	邓开颂　陆晓敏　杨仁飞
	200	台湾史话	程朝云